La Cuaresma

*Oraciones,
ayuno y
ofrendas*

P. JUAN J. SOSA

One Liguori Drive ▼ Liguori, MO 63057-9999

Imprimi Potest:
Harry Grile, CSsR
Provincial de la Provincia de Denver
Los Redentoristas

Publicado por Libros Liguori
Liguori, MO 63057-9999

Para hacer pedidos llame al 800-325-9521.
www.librosliguori.org

Copyright © 2011 Juan J. Sosa

Todos los derechos reservados. Ninguna parte de esta publicación puede ser reproducida o almacenada en algún sistema o trasmitida por cualquier medio sin el permiso previo por escrito de Liguori Publications.

Library of Congress Cataloging-in-Publication Data

Sosa, Juan J.
   La Cuaresma : oraciones, ayuno y ofrendas / Juan J. Sosa.
     p. cm.
   ISBN 978-0-7648-1996-4
   1. Lent. 2. Catholic Church--Doctrines. I. Title.
BV85.S653 2011
242'.34--dc22

2011000987

Las citas bíblicas son de *La Biblia Latinoamérica: Edición Pastoral* (Madrid: San Pablo, 2005). Usado con permiso.

Libros Liguori, una corporación sin fines de lucro, es un apostolado de los Redentoristas. Para más información, visite *Redemptorists.com*.

Impreso en Estados Unidos de América
15 14 13 12 11   5 4 3 2 1
Primera edición

"Revísese al año litúrgico de manera que, conservadas o restablecidas las costumbres e instituciones tradicionales de los tiempos sagrados de acuerdo con las circunstancias de nuestra época, se mantenga su índole primitiva para que alimente debidamente la piedad de los fieles en la celebración de los misterios de la redención cristiana, muy especialmente del misterio pascual".

(SACROSANCTUM CONCILIUM 107)

"La penitencia del tiempo cuaresmal no debe ser sólo interna e individual, sino también externa y social. Foméntese la práctica penitencial de acuerdo con las posibilidades de nuestro tiempo y de los diversos países y condiciones de los fieles..."

(SACROSANCTUM CONCILIUM 110)

Índice

Agradecimiento 6

Prólogo 7

Introducción 11

1. De las cenizas a la luz 18
2. Oraciones de Cuaresma, caminos de esperanza 26
3. Del consumismo al ayuno y la verdadera penitencia 41
4. ¿Qué damos en Cuaresma: ofrendas, limosnas o diezmo? 52
5. El Triduo Pascual 62

Conclusión 75

Apéndice: Momentos de oración comunitaria
para la Cuaresma 77

Sugerencias musicales 93

Material complementario 95

Sobre el autor 96

Agradecimiento

Agradezco con gran afecto a los feligreses de la comunidad parroquial de *St. Catherine of Siena* en Miami por su apoyo continuo y por su paciencia para conmigo ante los compromisos que, a veces fuera de la parroquia, el ministerio me exige. En especial, agradezco a los animadores del ambiente parroquial que, por tantos años, han transformado nuestro humilde templo en un lugar sagrado donde el tiempo de Cuaresma, de Semana Santa y de la cincuentena Pascual se puedan celebrar con respeto, dignidad y belleza.

Agradezco al Prof. Rogelio Zelada de la Oficina Arquidiocesana de Ministerios Laicos y miembro del Consejo del Instituto Nacional Hispano de Liturgia, por sus observaciones y por sus sugerencias tan acertadas. De la misma manera, extiendo mi agradecimiento a la Sra. Margarita Delgado por su respuesta tan positiva y constante ante mi petición de "editar" los textos en español de mis libros, ensayos y artículos.

Finalmente, agradezco de nuevo a *Liguori Publications* por la invitación que me ha hecho para compartir con los lectores estas reflexiones sobre la Cuaresma con el fin de promover la comprensión del misterio de Nuestro Señor Jesucristo. Una comprensión que toque la vida concreta de aquellos que comparten, por la gracia santificante, su vida divina en la Iglesia. Una comprensión que toque también la vida de los muchos que aún anhelan encontrarlo a través del testimonio vivo de los que ya lo conocemos.

Prólogo

Manuel buscaba un estacionamiento cercano a la Iglesia, pero no lo encontraba. Todos estaban ocupados. Había pedido permiso para salir del trabajo un poco más temprano y poder asistir así a esta misa que él consideraba de gran importancia. No sabía por qué lo hacía, ya que desde que terminó la Preparatoria (High School) no iba a la Iglesia y había estado alejado de la práctica de su fe por más de diez años. Pero desde hacía unos días el recuerdo de su abuelita lo perseguía. Ella siempre insistía en las "cenizas" del Miércoles de Ceniza y hoy era el día. Por una razón inexplicable, desde que se despertó, Manuel sintió el deseo de acercarse a buscar las cenizas tal y como su abuela paterna siempre le pedía. Se acordó del Crucifijo que colgaba en la habitación de su abuela junto a la imagen de la Virgen, a quien siempre le rezaba el Rosario. Por alguna razón, hoy no podía quitarse de la mente ni el recuerdo de su abuela ni el de sus imágenes religiosas.

Por fin descubrió que cerca de un árbol frondoso, a diez metros del templo, había un sitio para el coche, y allí lo estacionó. Casi corriendo llegó a la Iglesia que estaba repleta de personas de todas las edades y desde una esquina muy cerca de la puerta principal, se dispuso a participar de la misa en ese día tan importante. Para él era una mezcla de nostalgia y de búsqueda de protección. Se sentía obligado a recibir las cenizas. Ya en el trabajo también se lo habían dicho sus compañeros: "hoy hay que ir, antes de que se acabe el día o vamos a tener mala suerte mañana". Manuel no se daba cuenta de que la llamada inesperada a presentarse en la iglesia ese Miércoles de Ceniza no iba a ser sólo un encuentro con el signo visible que le da el nombre a la celebración—las cenizas—sino un encuentro profundo con el Dios invisible que en este tiempo de Cuaresma siempre llama a sus hijos a la conversión y a la reconciliación.

Manuel se dispuso a escuchar lo que desde el altar el padre decía. A veces no entendía lo que pasaba. Se movían alrededor o cerca del altar varias personas: los monaguillos para asistir al padre, los lectores que leyeron las Escrituras. En una esquina estaban los músicos que cantaban con sobriedad y respeto. Manuel recordó las misas de su niñez y juventud, con guitarras y mariachis, con órgano y piano, flauta y trompeta. Sintió que ésta era una misa más seria, más triste, más recogida, pero no sabía por qué. Por ello, quiso escuchar de cerca el Evangelio del día que otro padre leía (después supo que era un diácono de la parroquia y que estaba casado, y esto lo confundió más...). Las palabras de Jesús, sin saber cómo, le tocaron el corazón:

"Guárdense de las buenas acciones hechas a la vista de todos, a fin de que todos las aprecien. Pues en ese caso, no les quedaría premio alguno que esperar de su Padre que está en el cielo. Cuando ayudes a un necesitado, no lo publiques al son de trompetas; no imites a los que dan espectáculo en las sinagogas y en las calles, para que los hombres los alaben. Yo se lo digo: ellos han recibido ya su premio. Tú, cuando ayudes a un necesitado, ni siquiera tu mano izquierda debe saber lo que hace la derecha: tu limosna quedará en secreto. Y tu Padre, que ve en lo secreto, te premiará.

Cuando ustedes recen, no imiten a los que dan espectáculo; les gusta orar de pie en las sinagogas y en las esquinas de las plazas, para que la gente los vea. Yo se lo digo: ellos han recibido ya su premio. Pero tú, cuando reces, entra en tu pieza, cierra la puerta y ora a tu Padre que está allí, a solas contigo. Y tu Padre, que ve en lo secreto, te premiará" (Mt 6:1–6).

Manuel sintió que las palabras del diácono iban dirigidas a él, pero las entendía a medias: ayuno....hipócrita...en secreto... limosna....hacer oración...el Padre que está en los cielos... recompensa...hipócrita una vez más. ¿Qué querría decir todo esto y qué tiene que ver con las cenizas que protegen y que hay que recibir hoy miércoles?

Cuando, después de esta lectura, Manuel escuchó al padre de la iglesia hablar sin leer del libro, comenzó a darse cuenta de la relación que existe entre las cenizas y esa lectura que se anunció como Evangelio. Manuel captó la palabra "Cuaresma", esto es, un tiempo de renovación y penitencia; y se dio cuenta de que las cenizas se recibían el primer día de este tiempo, que siempre es miércoles, como una gran oportunidad para renovar la vida. En ese momento, Manuel se sintió llamado a decidir si las cenizas que iba a recibir significarían protección y suerte o si, al recibirlas, iba él a comenzar un tiempo en el cual Dios lo llamaba a volver a nacer por medio de la penitencia y el sacrificio.

Manuel trabajaba en un taller como mecánico y de noche estudiaba ingeniería. Cuando regresó al taller con las cenizas impuestas, Carmen, la contadora del taller, le preguntó: "¿Fuiste a misa, a recibir las cenizas?". "Sí", le contestó Manuel, y le habló un poco de la confusión que había experimentado en la iglesia cuando escuchó el Evangelio y las palabras del padre. Como Carmen había sido una de los que le exhortaron a que ese día fuese a misa, se comprometió a explicarle poco a poco lo que significaba la Cuaresma: "No te preocupes", le dijo, "ya hablaremos durante la semana sobre esto de las cenizas, el ayuno y la Cuaresma". Y continuó: "mi esposo y yo asistimos a unas clases en la iglesia donde nos explican el porqué de estas celebraciones. Verdaderamente que esas clases nos han ayudado mucho. Cuando quieras, te llevamos".

Manuel no se quiso comprometer a nada en ese momento. Pensó que el tiempo no le alcanzaría para trabajar, estudiar e ir a las clases que Carmen mencionaba. Pero sí quería saber más de todo esto y estaba dispuesto a que, durante algún descanso del día, Carmen le explicara con más detalle, poco a poco, todo lo que ella aprendía en la iglesia.

Carmen, sin darse cuenta, se había convertido en la segunda catequista de Manuel, después de su abuela. Y Manuel, por la gracia de Dios, se convirtió desde ese momento en el bautizado que sintió hambre de conocer más al Señor y a su Iglesia, dejando a un lado el título popular que, con frecuencia, los que van a la iglesia utilizan cuando se refieren a los que no van casi nunca, "católico a mi manera".

En las siguientes páginas quisiéramos contemplar la Cuaresma a través de los oídos, los ojos y el corazón de Manuel y de Carmen, su colega y catequista en el trabajo. Pretendemos analizar un poco la historia de este tiempo tan especial y los elementos que lo constituyen: los personajes que participan en este tiempo, los textos bíblicos que lo acompañan y los símbolos que expresan la fe de los fieles, tales como las cenizas, el ayuno, la oración, y las ofrendas. Nos gustaría colocar la Cuaresma dentro del contexto de la Pascua de Resurrección, como un tiempo de preparación que conduce a los cristianos a celebrar con júbilo el banquete del día de Pascua, la Eucaristía que nos regaló el Señor la noche antes de morir y que se celebra domingo tras domingo en todas nuestras comunidades. Las preguntas con las que concluye cada capítulo se presentan tanto para la reflexión personal como para un posible diálogo entre aquellos miembros de una comunidad o de un grupo parroquial que quieran compartir sus reflexiones.

Introducción

Cualquier reflexión sobre la Cuaresma, como tiempo litúrgico de 40 días, solamente encuentra sentido en el contexto de la Pascua del Señor que se extiende por 50 días después del Domingo de Resurrección. Este Domingo de Resurrección o de Pascua, celebrado asiduamente cada domingo del año, nos presenta el marco de referencia para comprender la celebración de la Cuaresma. La Cuaresma es la preparación a la Pascua y nos ayuda a participar de una manera especial en el camino hacia el Calvario y la Tumba Vacía que anuncia la entrega de Jesús y su victoria sobre la muerte y el mal, el odio y la venganza, la injusticia y la opresión. En los primeros siglos de la Iglesia, dicha participación encontró su máxima expresión repetidamente en el "ayuno" de los fieles.

En sus enseñanzas, Jesús nunca quiso separar el ayuno de la limosna y la oración. Los primeros cristianos insistieron en estas prácticas como parte integral de su testimonio de vida, conscientes de que toda vida humana era transitoria. Ante las persecuciones y rechazos que encontraron en el Imperio Romano, los cristianos de los primeros siglos compartían asiduamente el tesoro del Evangelio y la cena pascual, mientras peregrinaban hacia la Pascua eterna prometida por el Señor para todos los que creían en Él.

En Egipto, por ejemplo, el ayuno de los cristianos representaba el ayuno que Jesús realizó en el desierto antes de comenzar su ministerio en Galilea. Más adelante, se utilizó como preparación para la Pascua, siempre acompañando paso a paso los últimos días de Jesús con sus discípulos. Para el siglo II, los Padres de la Iglesia consultaron al papa Víctor sobre los días del ayuno, ya que las prácticas eran diferentes en las diversas comunidades, a pesar de que el ayuno siempre iba acompañado de la escucha de la Palabra de Dios, oraciones y plegarias.

En Roma se experimentó un cambio en esta práctica cristiana que al transcurrir el tiempo, produjo el establecimiento del tiempo de Cuaresma tal y como lo vivimos hoy en día. La observancia del ayuno por una semana antes del Domingo de Resurrección—lo que más adelante se llamaría "Semana Santa"—dio lugar a que esta costumbre perdurara por tres semanas después de la Pascua, siempre acompañada por la lectura del Evangelio de san Juan. Por un tiempo, éste fue el ayuno pascual.

Entre el 354 y el 384, surgió en Roma lo que llamamos el ayuno de cuarenta días o "Cuaresma". Evidentemente, este ayuno se distinguía del ayuno pascual por su carácter penitencial y preparatorio. Con el tiempo, se extendió a varios días de la semana, excepto el domingo, y en tiempo de san León Magno (461), cada domingo del periodo cuaresmal se centraba en un tema especial asociado con el camino de Jesús hacia el Calvario. En las siguientes páginas podremos destacar algunos matices de estos temas que año tras año marcan nuestra peregrinación cuaresmal.

Para el siglo IV, el siglo dorado de la iniciación cristiana y ya libre la Iglesia de la persecución de los poderosos, la presencia de los catecúmenos ejerció una gran influencia en el desarrollo de la Cuaresma. La peregrina Egeria describe en su diario las prácticas de ayuno y oración realizadas en Jerusalén, junto con el proceso de iniciación al que la Iglesia sometía a los muchos que pedían ser cristianos por la purificación en el bautismo.

La reconciliación con Dios y la permanencia en la comunidad eclesial se expresaban de dos maneras en la vida litúrgica de este siglo y de siglos posteriores: primero, por la iniciación de los catecúmenos que, después de varios años de preparación, eran sumergidos en las aguas del bautismo para renacer a la nueva vida del Señor y, en segundo lugar, por el perdón a los pecadores que, como penitentes, habían cumplido su penitencia y recibían del obispo el perdón de Dios y de la Iglesia para vivir de nuevo en comunión con Ella. Ambos momentos comunitarios siempre se vieron reflejados en la peregrinación de los cristianos hacia la Pascua, momento cumbre que anunciaba la victoria de Jesús sobre el mal y la muerte.

Junto al diario de Egeria aparecen, entre otros, los escritos de san Eusebio de Cesarea (c.314), san Ambrosio de Milán (c.340), san Cirilo de Alejandría (c.431), y san Agustín de Hipona (c.430), que relatan con gran júbilo el crecimiento de las comunidades cristianas, las cuales aunque diversas en sus prácticas, experimentaban la unidad en el Señor, el bautismo y la fe.

A partir del siglo VI, la Iglesia quiso destacar cuarenta días de ayuno efectivo con anterioridad a la Pascua y señaló el miércoles antes del primer domingo para comenzar esta práctica. Por ello, el miércoles anterior al primer domingo se utilizó como el comienzo de la Cuaresma, día hoy conocido como Miércoles de Ceniza. Durante este tiempo caminaban todos juntos tanto física como espiritualmente siguiendo los pasos del Señor. En Roma, las celebraciones con las que el Papa marcaba la Cuaresma se llevaban a cabo en distintas congregaciones o basílicas. De hecho, en la actualidad, el Papa impone las cenizas a los fieles en la iglesia de Santa Sabina, en el Monte Aventino, sede de la orden Dominica en Roma.

El mundo de aquella época fue testigo del desarrollo de las prácticas cuaresmales, resultado tanto del crecimiento de la Iglesia en la sociedad cristiana de aquellos tiempos, como del fervor con que los fieles contemplaban el misterio de Cristo. El período evolutivo del siglo IV al VII–VIII destacó la iniciación cristiana, la reconciliación de los penitentes, el crecimiento de la Iglesia y sus prácticas litúrgicas. Lamentablemente, a este periodo dorado le siguió un periodo más conflictivo con la decadencia del catecumenado, las invasiones de las tribus bárbaras del norte de Europa y la desaparición de la Iglesia en el norte de África.

Resumamos, pues, algunos de los elementos que destacan durante la evolución o desarrollo histórico de la Cuaresma en la vida de la Iglesia:

1. Hoy por hoy, la Cuaresma comienza con el Miércoles de Ceniza y concluye con la misa *in cena Domini* del Jueves Santo, cuando a su vez la Iglesia da inicio a la celebración de los misterios de la pasión, muerte y resurrección de Jesucristo. Esto se hace durante los tres días que solemos llamar "Triduo Pascual". En la práctica, los fieles ya comienzan a palpar los misterios del Señor desde el domingo VI de Cuaresma, unos días antes del comienzo del Triduo. Éste es el Domingo de Pasión o Domingo de Ramos.
2. Hagamos ver a la propia comunidad –a la asamblea de fe– que, ante el acontecimiento irrepetible del tránsito de Jesús de la muerte a la vida, ella está llamada a penetrar interiormente en este misterio para celebrarlo con una buena preparación por medio de la oración, la caridad y el ayuno. A estas prácticas promovidas por los Padres de la Iglesia se añadieron en siglos posteriores la imposición de cenizas, la vida austera y hasta el sacrificio corporal.
3. Los catecúmenos, los adultos o jóvenes no bautizados, hasta el siglo VI, se preparaban por dos y tres años antes de ser abrazados por Dios en las aguas bautismales. Su camino cuaresmal se convierte al mismo tiempo en una preparación intensa y en un modelo de peregrinaje para todos los fieles que ya por el Bautismo, la Confirmación y la Eucaristía, participan a diario de la vida cristiana. A los catecúmenos, después de que el obispo los acepta como tales en el "Rito de elección",

celebrado en la Catedral el primer Domingo de Cuaresma, se les llama "iluminados" o "elegidos".

El Concilio Vaticano II restauró el catecumenado para la Iglesia Universal el 6 de enero de 1972 y es obligatorio en los Estados Unidos desde el 1º de septiembre de 1988. En los Estados Unidos continúa dando buen fruto en la mayoría de las diócesis y parroquias que lo han implementado. Aunque ha sido instaurado a nivel universal, la implementación concreta del catecumenado depende de la Conferencia Episcopal de cada país y de las adaptaciones que cada Conferencia presente a la aprobación de Roma.

4. Los penitentes estuvieron presentes en la Cuaresma casi desde su comienzo. Desde el siglo IV se imponían cuarenta días de ayuno a aquellos que debían reconciliarse con la Iglesia por haber confesado en público uno de los tres pecados capitales que exigían a veces más de un año de penitencia, a saber: a) la idolatría o el rechazo de su bautismo (en latín se les llamaba *"lapsi"*, esto es, caídos); b) el asesinato; y c) el adulterio. La penitencia incluía la expulsión de los pecadores de la Iglesia y el uso de las cenizas y el cilicio. En cierta manera, se recordaba la expulsión de Adán del Paraíso (Gén 3:19), imagen de la Iglesia que los esperaba después de que hubiesen cumplido la penitencia, ya purificados.

El rito de reconciliación se celebraba en público, delante de todos los miembros de la Iglesia, durante la mañana del Jueves Santo, para que los absueltos por el obispo, ya reconciliados con la comunidad, pudieran reintegrarse para compartir con todos los fieles el gozo eucarístico de la Pascua.

La penitencia pública se transformó en privada durante la Edad Media, cuando las confesiones se celebraban entre el sacerdote y el penitente. Desde aquel período, el énfasis sacramental se trasladó de la penitencia pública a la confesión

individual de los pecados y a la absolución inmediata de los penitentes.
5. Alrededor del 1011, ya desaparecida esta práctica de la penitencia pública, el Papa Urbano II extendió la costumbre de imponer las cenizas a todos los fieles de la Iglesia (incluso a los clérigos). Era y es una llamada a la conversión interior, a la muerte al pecado, al reconocimiento de la misericordia de Dios. Esta práctica litúrgica, llena de todo un simbolismo penitencial, permaneció en el uso litúrgico de todas las culturas occidentales.
6. La Constitución sobre la Sagrada Liturgia del Vaticano II, *Sacrosanctum Concilium* retoma el tema de la penitencia cuaresmal en los párrafos 109 y 110. Además de orientar toda la Cuaresma hacia la Pascua, el texto hace hincapié en la necesidad de reconocer el pecado como una ofensa a Dios a nivel personal y a nivel social. El pecado social se manifiesta de muchas maneras, afectando a los que sufren como consecuencia de decisiones desviadas de la justicia o de la paz. En el párrafo 110, la Constitución también hace énfasis en el ayuno a partir del Viernes Santo y, cuando se pueda, todo el Sábado Santo hasta la celebración de la Vigilia Pascual.

Para profundizar y comentar

1. ¿A qué conclusiones puedo llegar sobre la Iglesia cuando comienzo a descubrir la historia de la Cuaresma? ¿En qué consiste la Cuaresma?
2. ¿Qué elementos de la historia de la Cuaresma han permanecido inalterados a través de la historia? ¿Qué elementos han evolucionado?
3. ¿Por qué necesita la Iglesia reformar sus prácticas a través del tiempo? Aunque se adapten las prácticas y costumbres, ¿por qué nunca cambia la fe que se expresa a través de las celebraciones litúrgicas?
4. ¿Conozco a los catecúmenos ("elegidos") de mi comunidad que se están preparando para la iniciación cristiana en la Pascua?

1
De las cenizas a la luz

Al inicio de sus conversaciones con Carmen en el trabajo, Manuel sintió cierta timidez. Carmen comenzó a explicarle un poco la Cuaresma, presentándole algunos de los personajes que habían formado parte de su historia: los mártires que dieron su vida por la fe, los cristianos que habían renegado de su fe por miedo a la muerte, algunos de los Padres de la Iglesia, los que buscaban iniciarse en la comunidad e incluso los llamados penitentes de la época. Para Carmen y para su esposo, con quienes a veces Manuel pasaba un poco de tiempo los sábados en la mañana, la sed de Manuel por conocer más la Iglesia les hizo revisar las notas que habían tomado en los cursos de formación ofrecidos por la diócesis. A ambos les hubiera gustado que Manuel asistiera al curso que durante la Cuaresma se estaba dando en su parroquia y lo invitaron a ir.

Para Manuel estas conversaciones representaron una experiencia extraordinaria. Aunque al principio quería solamente conocer el porqué de los signos cuaresmales, su deseo de conocer más lo llevó a pedirles a Carmen y a su esposo que le hablaran sobre cuándo y cómo comenzaron estas prácticas. De ahí las conversaciones sobre la historia de la Cuaresma. A través de estas conversaciones, a veces acompañadas de gratos almuerzos, Manuel se dio cuenta de que la Iglesia era "algo" más profundo. Manuel descubrió una Iglesia que él no conocía, ni siquiera a través de su abuelita. Y quiso conocer más a la Iglesia de las cenizas, de la Cruz, del ayuno y de la oración, a la Iglesia de su propio bautismo y confirmación, a la Iglesia de ayer, de hoy y de siempre.

Hasta 1970, el rito de la bendición e imposición de las cenizas se llevaba a cabo antes de que iniciara la misa. Desde ese año, y en el nuevo Misal, se colocó después de la liturgia de la Palabra, seguida o no por la Eucaristía. Este cambio facilitó que la Palabra sirviese de apoyo, tanto al rito como los gestos que los fieles iban a recibir para comenzar la Cuaresma.

La primera lectura del miércoles es del profeta Joel (2:12–18) quien exhorta a la penitencia comunitaria tras una plaga de langostas que asoló las tierras de cultivo. En el Antiguo Testamento, se destacan los textos que describen por qué se colocaban las cenizas sobre la cabeza, primero como gesto de tristeza y duelo, quizás ante la pérdida de un ser querido, y luego como signo de penitencia. Algunos de estos textos son: 2Sam 13:19; Est 4:1; Lam 2:10; 1Mac 3:47. En algunos casos específicos, se describe el gesto de acostarse sobre cenizas (Est 4:3 ó Jon 3:6).

En la segunda lectura del día, escuchamos la invitación que nos hace san Pablo para que nos reconciliemos con Dios y, sobre todo, para que seamos sus embajadores ante un mundo alejado de Él y desorientado de su verdadero destino (2Cor 5:20—6:2). Como ya hemos dicho, el Evangelio del día, que tanto impresionó a Manuel, recoge las palabras del Señor que invitan a sus discípulos a practicar el ayuno, la oración y la caridad, esto es, la limosna.

Las cenizas siempre se imponían pronunciando las palabras tan conocidas del Génesis: "Acuérdate de que eres polvo y en polvo te convertirás" (Gén 3:19). Hoy en día se puede utilizar el mismo texto u otro que toma las palabras del Señor: "Conviértete y cree en el Evangelio" (Mc 1:15). Indiscutiblemente que el gesto de la imposición refleja la llamada a la conversión que tanto proclaman las lecturas del día y que se retoma cuando el ministro ordenado o laico impone las cenizas a los fieles.

Desde ese Miércoles de Ceniza, el cristiano ha de ponerse ante Jesucristo. Y cuando el cristiano se presenta ante el Señor, tiene que examinar sus palabras y todas sus acciones a la luz de su presencia. Ésta es la llamada a la conversión—en griego, *metánoia*—para los que buscan a Dios y a la reconversión para los que creemos en Dios y celebramos la fe, a veces de una manera más o menos tibia.

De esta manera, durante la Cuaresma los cristianos retomamos nuestro compromiso bautismal para examinar de qué forma lo estamos viviendo: ¿ligeramente, sin preocuparnos por las consecuencias?, ¿ausentes de todo sentido de fe, esperanza y amor?, ¿despreocupados de todo lo que la Iglesia nos invita a celebrar con la Palabra y los Sacramentos, porque en realidad no nos importa?, o quizás ¿afrontando muchas dificultades pero dispuestos a reconciliarnos con Dios y con el prójimo para comenzar de nuevo, a la luz del Resucitado, la vida nueva que Él siempre nos ofrece gratuitamente?

La Cuaresma nos invita a la penitencia como medio para lograr la "reconversión" o conversión de nuestras vidas en Jesús. La palabra "penitencia" suena un poco a dolor y sufrimiento físico, y quizás haya sido vista así en la Edad Media. Para otros puede evocar las penitencias mayores de los pecadores públicos de los primeros siglos de la Iglesia. En realidad, la palabra "penitencia" nos invita a dos cosas: a un cambio de actitud—y por tanto de comportamiento—y a la búsqueda del encuentro con Jesús en el Sacramento que la Iglesia nos ofrece.

La penitencia cuaresmal debe ser mucho más que "dejar de comer chocolate u otro postre, con excepción del domingo", o "dejar de comer carne los viernes para disfrutar buenos pescados", o, simplemente, "dejar de hacer algo que disfrutamos". Siempre hay opciones que pueden ser sacrificio, por ejemplo, dejar la televisión y leer u orar en familia, o dejar el teléfono celular por varias horas. Pero si éstas se perciben solamente como prácticas de Cuaresma, serían opciones transitorias y no reflejo de un verdadero cambio del corazón. Cuando los cristianos optan por visitar al enfermo que necesita ánimo, por conversar con los ancianos que se sienten solos, por brindar apoyo a los padres de familia que sufren con o por sus hijos desorientados, están cumpliendo con la voluntad de Dios. Sin embargo, se necesita llegar a tales opciones libremente, a un cambio de corazón que dé lugar a un cambio de comportamiento positivo a la luz del Evangelio. La penitencia nos conduce a la conversión y la conversión profunda nos dirige hacia el sacrificio por los demás a imitación de Aquél que se entregó por nosotros y nos regala su vida.

El cambio del egoísmo a la participación en la vida de otros es señal de conversión. El cambio de perdonar sin rencor o resentimiento es señal de conversión o *metánoia*. El cambio de hablar bien de los demás en vez de criticar y juzgar a otros es también señal de conversión. El cambio de conformar la vida misma con el Evangelio del Señor es señal de conversión. La Cuaresma nos ofrece el tiempo y el espacio para éstos y muchos otros cambios.

Percibida como sacramento, la Penitencia fue el regalo que hizo el Señor a sus discípulos con el soplo del Espíritu Santo en el primer encuentro que tuvo con ellos después de la resurrección (Jn 20:22–23). El Señor les confirió el poder de perdonar los pecados y así convirtió la redención lograda por su entrega en la Cruz en un ministerio de reconciliación. Por este ministerio, el sacerdote, en nombre de Dios y de la Iglesia, reparte la misericordia que no nos merecemos, pero que necesitamos. Nos la ofrece de forma gratuita y nos concede el perdón de los pecados. La fragilidad humana se redime ante la impenetrable e inconcebible misericordia de Dios.

La Cuaresma, por tanto, también puede ser tiempo de penitencia y de reconciliación "sacramental", aunque este sacramento siempre está accesible a los fieles cada semana.

Uno de los salmos más entonados, tanto el Miércoles de Ceniza como cada viernes del año en el Breviario u Oficio Divino, es el Salmo 51: "Misericordia, Señor, hemos pecado". El salmista recoge en múltiples versos la necesidad de reconocer el gran amor de Dios en nuestras vidas. Ante ese amor, debemos responder con un corazón nuevo que transforme en actos concretos la gran bondad del Creador y Redentor del género humano. De ahí la imposición de las cenizas y la llamada a la conversión o reconversión que invitan a todos los fieles a escuchar la Palabra de Dios con atención y, cuando sea posible, a entonarla con cantos e himnos de alabanza y gratitud.

El Leccionario de la Iglesia, desde donde día tras día se proclaman los textos del Antiguo Testamento y de las Cartas de los Apóstoles, presenta este mismo tono de conversión en las lecturas diarias y en los domingos del período cuaresmal que siguen al Miércoles de Ceniza. El Evangeliario o libro sagrado con que el diácono proclama el Evangelio del día, va a ofrecernos escenas significativas del ministerio de Jesucristo en su peregrinación hacia el Calvario y la Tumba Vacía. Este caminar de la oscuridad a la luz, de la muerte a la resurrección, es también el caminar de toda la Iglesia reflejado en la purificación de los catecúmenos, ya elegidos, que inician su vida cristiana en la Noche Santa de la Pascua.

El Leccionario y el Libro de los Evangelios aparecen divididos en tres ciclos para que podamos peregrinar juntos con diversos textos durante tres años. No obstante, los temas del primero y segundo domingos de Cuaresma aparecen iguales en los tres ciclos. El Evangelio del primer domingo de Cuaresma presenta el "ayuno" de Jesús por cuarenta días y las tentaciones del Demonio.

El Evangelio del segundo domingo presenta la Transfiguración del Señor en el monte Tabor. Por un lado, la Palabra de Dios nos pide que busquemos la ausencia de todo lo material para tener fuerza ante las tentaciones del Maligno: como Jesús resistió el hambre y el poder, así también los podemos resistir nosotros; por otro lado, una semana después, la Iglesia nos invita a disfrutar de la herencia de la gloria eterna, como un anticipo del final de nuestro peregrinar por la tierra. El dolor no es el fin, sino un camino hacia el triunfo de la gloria de Dios. Jesús invita a que tres de sus discípulos prueben este "sabor" a gloria cuando invita a Pedro, Santiago y a Juan a compartir esta experiencia en el monte. Allí vieron a Jesús junto a Moisés y Elías, y "su cara brillaba como el sol" (Mt 17:2).

A través de sus conversaciones con Carmen y con su esposo Alberto, Manuel descubrió que la Cuaresma era en sí como una larga travesía de muchas semanas que el mismo Jesús, a través de la Iglesia, hacía con todos sus discípulos. La Iglesia no era la única que lo convocaba a él y a todos los fieles a que participaran en esta travesía. El mismo Jesús los invitaba a caminar junto a Él durante este tiempo tan especial.

Por su parte, Carmen y Alberto lograron que Manuel asistiera con ellos a las clases para adultos que durante la Cuaresma se llevaban a cabo en la parroquia. Los esposos sabían que ésta no era la parroquia o iglesia más cercana al lugar donde vivía Manuel, pero temían que, si en estos momentos lo dirigían a la parroquia que le correspondía, nadie sabría cómo recibirlo. Ellos prefirieron rescatarlo para caminar juntos durante este tiempo de reconversión y ofrecerle la oportunidad de acercarse más, tanto a Dios como a la Iglesia. Más adelante, tenían el propósito de presentarlo a una comunidad en la que pudiera crecer y madurar en su fe con laicos comprometidos, como ellos, dispuestos a acompañarlo en su crecimiento. Manuel encontró el tiempo para estas clases semanales al ver que no interrumpían sus estudios de ingeniería. De hecho, se acordaba con frecuencia de aquellas palabras impactantes que escuchó el Miércoles de Ceniza y quiso descubrir lo que podían significar en su vida de católico.

Para profundizar y comentar

1. ¿Cuáles son las dos formas de penitencia que se pueden practicar durante la Cuaresma?
2. ¿Qué quieren mostrarme los Evangelios sobre los relatos de Jesús en el desierto y en el monte de la Transfiguración?
3. ¿Qué hay de desierto en mi vida que me da sed y me hace buscar agua y luz?
4. ¿Cómo puedo pasar de las "tentaciones'" a la "transfiguración", de las cenizas a la luz, en mi propia vida durante esta Cuaresma?

Oración final

Oh, Señor,
me llamas y no te escucho,
me reclamas y te rechazo.
Tú insistes y me hablas.
Quieres entablar un diálogo con mi pobreza
y, sobre todo, quieres rescatarme
de la oscuridad de las tinieblas para
conducirme hacia el gozo de tu luz.

En mi soledad te encuentro,
cuando me alejo de los ruidos de la sociedad,
cuando dejo a un lado el auto, el teléfono
y el control remoto de la tele.
Te encuentro porque en esos momentos
siento hambre de algo más,
de algo que desde dentro me dice que esa plenitud interior
la tecnología de hoy no me la puede ofrecer.

Siento hambre de amigos y amigas,
de caminantes dispuestos a acompañarme
en mi travesía diaria.
Siento hambre de lo "intangible",
de lo que no se toca, ni se mide, ni se palpa
con los sentidos.
Siento hambre de amor, de justicia y de paz,
de misericordia y de saber que estoy perdonado.

A fin de cuentas—lo tengo que admitir—
siento hambre de Ti y de todo lo que Tú me ofreces.
En este comienzo de la Cuaresma,
me doy cuenta de que me ofreces
todo lo que eres, Señor.
Me doy cuenta de que Tú te entregas a mí
y me ofreces tu vida y tu amor,
tu misericordia y perdón;
Todo tú Señor, gratis para mí y para el mundo.

2
Oraciones de Cuaresma, caminos de esperanza

Manuel nunca había orado en la forma en que Carmen y Alberto le enseñaron a orar en estas semanas de Cuaresma. Para Manuel, orar era pedir y pedir por todo, sobre todo por sí mismo: por que no le pasara nada a su familia, por que tuviese buena suerte en el trabajo, por que encontrara una muchacha buena con quien casarse, por que Dios alejara de él todas las enfermedades y, sobre todo, la muerte.

En el trabajo, Manuel notaba que Carmen bajaba la cabeza y decía algo antes de comer. Se imaginó que estaba orando, pero no sabía por qué. Cuando uno tiene hambre en el trabajo, hay que comer rápidamente, ya que sólo tiene media hora para hacerlo. Carmen explicó a Manuel que había que dar gracias a Dios por todo y, en ese momento, por los alimentos preparados, por los que los habían preparado y por los que no tenían qué comer y le enseñó una oración muy popular y muy breve: "Señor, da pan a los que tienen hambre y hambre de Ti a nosotros que tenemos pan". Carmen también le explicó que había varios motivos para orar y varios tipos de oración, algo que Manuel ignoraba por completo. Al haber descubierto tantas cosas durante la Cuaresma, Manuel se decidió a hablar con Carmen y con Alberto sobre la importancia de la oración en la vida de los católicos y de todos los cristianos.

❖ ❖ ❖

El tiempo de Cuaresma nos llama a una oración más recogida y profunda que nos ayude a reflexionar de cerca no sólo en el dolor del Calvario sino también en la victoria de la Cruz. Para todos los cristianos, la Cuaresma es un camino de esperanza, lleno de estaciones que les ayudan a contemplar el misterio de Jesucristo en su entrega total por la humanidad. A la vez, la Cuaresma nos ofrece a todos la oportunidad de escuchar al Señor, quien a través de los símbolos que la Iglesia utiliza en sus celebraciones, nos conduce hacia la paz de la Pascua.

Este tiempo de conversión y reconciliación exige de nosotros que valoremos uno de nuestros más preciados tesoros: nuestro tiempo. Estos cuarenta días nos piden que le demos tiempo al Señor y a la Iglesia para disfrutar con intensidad la llamada que nos hacen. Indiscutiblemente, la Cuaresma no es el único tiempo del año en que debemos dedicar tiempo a la oración. No obstante, la gente parece más abierta al espíritu de oración durante este periodo.

Quizás necesitamos recordar el porqué y cómo debemos orar en Cuaresma y siempre. De hecho, lo hacemos a imitación del mismo Jesús que enseñó a orar a sus discípulos en múltiples ocasiones (entre otras, Mt 6:9–13, 25–34; Mt 7:7; Lc 11:1 y 18:9–14; Mt 18:20). Y Jesús lo hacía a la luz de su tradición hebrea, narrada por el Antiguo Testamento, antes y después del acontecimiento más importante de su historia y de su vida como pueblo: el Éxodo de Egipto y la entrada a la Tierra Prometida. Jesús, el nuevo Moisés, nos enseña a orar desde la Cruz y desde la Tumba Vacía.

En realidad, toda la Biblia es oración: Abrahán, Moisés, los Patriarcas y Profetas, los Reyes (cuando cumplían con la Alianza), Judit y Ester, el libro de los Salmos, los Proverbios, Sabiduría, y hasta el libro de los Macabeos presentan modelos de oración y alabanza al Dios de la Creación que anunció la redención por el Mesías. Desde la Biblia escuchamos al Dios que nos llama. Nuestra respuesta a esa llamada se transforma en oración y plegaria.

Para los cristianos, la Eucaristía, la cena del Señor, se convirtió en la oración primordial que compartían en el Día del Sol, el domingo, para recordar la resurrección de Cristo y su victoria. El libro de los Hechos nos lo recuerda de una manera especial: *"Eran asiduos a la enseñanza de los apóstoles, a la convivencia fraterna, a la fracción del pan y a las oraciones (He 2:42).*

Y la Iglesia nos ha enseñado a orar desde pequeños, siempre invitándonos a tener diferentes actitudes ante la oración: 1) la escucha de la Palabra; 2) dando gracias a Dios, y alabando su misericordia y lealtad con todos; 3) invocando su ayuda por medio de peticiones y súplicas; 4) con una actitud de arrepentimiento que se transforma en ofrenda y sacrificio; y 5) como intercesión por las necesidades de otros y no por las nuestras solamente.

En cualquier actitud que tomemos para orar, escuchamos al Señor y dialogamos con Él, a veces simplemente en silencio. Aunque nos suene como una contradicción, nuestro silencio ante el Señor se convierte en una fuente de paz y de serenidad que debemos buscar con frecuencia. En el silencio experimentamos la compañía de Aquél que nos ha invitado a caminar con Él hacia el Calvario y que nos asegura que con Él resucitamos cada día y resucitaremos al final de nuestros días.

En las últimas décadas, han surgido varios movimientos de oración que han destacado no solamente la necesidad de darle tiempo a la oración, sino también han destacado diversas formas de orar, tales como los gestos y cantos del Movimiento de Renovación o la metodología de la oración centrada y contemplativa. En nuestro discernimiento personal como cristianos, debemos explorar la forma en que podamos aprovechar mejor nuestro tiempo de oración y el estilo de oración que nos haga disfrutar más nuestro tiempo con el Señor.

A Dios no le hace falta ninguna metodología, pero a nosotros quizás sí. Quizás estamos acostumbrados a orar solamente "pidiendo" por nuestras necesidades y por las de nuestros padres, hijos o amigos. Pero la súplica es solamente una de las otras formas de orar que nos presenta la Iglesia. Quizás en las otras podamos descubrir la respuesta del Señor que nos alienta y fortalece.

La máxima expresión de oración, sin embargo, surge de lo que llamamos nuestra oración litúrgica. Cuando nos congregamos cada domingo para celebrar la Eucaristía o cada vez que nos constituimos como Asamblea para celebrar un sacramento, nuestra oración adquiere una dimensión comunitaria que refleja la peregrinación que compartimos con todos los bautizados y con aquéllos que se quieren unir a la Iglesia (elegidos) o los que buscan el perdón de sus pecados (penitentes). Dentro o fuera de la liturgia, sin embargo, el rezo de los Salmos se convierte en uno de los estilos más expresivos y profundos de nuestra tradición. Muchos de los 150 Salmos expresan las actitudes mencionadas con anterioridad. Aunque cada Salmo ofrece una expresión diversa que nace de la necesidad de Dios en la vida de los hombres y mujeres de fe, el Salmo 141, desde su primer versículo, nos ayuda a comprender el porqué de nuestra oración: *"Señor, te llamo, ven a mí sin demora, escucha mi voz cuando a ti grito. ¡Suba a ti mi oración como el incienso, mis manos que a ti levanto sean como la ofrenda de la tarde!"* (Sal 141:1–2).

En la Cuaresma, uno de los salmos más conocidos, aparte del *Miserere* o Salmo 50, es el *De Profundis* o Salmo 130:

> *Desde el abismo clamo a ti, Señor,*
> *¡Señor, escucha mi voz!*
> *que tus oídos pongan atención*
> *al clamor de mis súplicas!*
> *Señor, si no te olvidas de las faltas,*
> *Adonai, ¿quién podrá subsistir?*
> *Pero de ti procede el perdón,*

y así se te venera.
Espero, Señor, mi alma espera,
confío en tu palabra;
mi alma cuenta con el Señor,
más que con la aurora el centinela.
Como confía en la aurora el centinela,
así Israel confíe en el Señor;
porque junto al Señor está su bondad
y la abundancia de sus liberaciones,
y él liberará a Israel
de todas sus culpas.

Inspirados por este salmo de Cuaresma, pero conscientes de esa llamada a orar que desde el Miércoles de Ceniza escuchamos, veamos ahora las oraciones de Cuaresma analizándolas desde tres fuentes: la Palabra de Dios, la Liturgia de la Iglesia, y los gestos y prácticas populares de este tiempo de renovación y reconciliación. Todas son caminos de esperanza para aquellos que caminan juntos hacia la Pascua.

A la luz de la Palabra de Dios

El Leccionario, mencionado anteriormente, nos ofrece una riqueza de textos que señalan el camino cuaresmal de una manera singular. Según algunos peritos, las tres primeras semanas de Cuaresma destacan en las lecturas diarias el camino de los discípulos de Cristo con todas las tensiones que el propio camino presenta, entre otras, las tentaciones de la vida, las inseguridades que solamente Dios puede sanar y el anuncio de la Pasión. A partir de la cuarta semana, la atención se centra principalmente en el camino de Jesús hacia la Pascua, sobre todo con los textos del Evangelio de san Juan.

Los domingos de Cuaresma aparecen divididos en tres ciclos que, como hemos notado, presentan en sus dos primeras semanas versiones similares de las tentaciones de Jesús en el desierto y la transfiguración en el Monte Tabor. Los siguientes tres domingos, no obstante, aparecen textos distintos que nos hablan de la historia de la salvación y apuntan hacia la glorificación de Cristo (Ciclo B) o hacia la conversión de todos los discípulos (Ciclo C). Si en las segundas lecturas de estos domingos san Pablo subraya que Cristo ha venido a cumplir la promesa de Dios, quien nunca ha abandonado a su Pueblo, las primeras lecturas nos ayudan a recordar cómo el Pueblo, llamado por Dios a la Alianza con Él mismo, desarrolló su historia entre la fidelidad y la infidelidad.

Aunque los tres ciclos se prestan para subrayar el camino de los catecúmenos en su iniciación cristiana, es el Ciclo A el que de por sí subraya dicho camino con más fuerza. Es más, según las normas litúrgicas, aunque corresponda uno de los otros dos ciclos durante el Año Litúrgico, cuando la comunidad ha caminado con catecúmenos durante todo el año, y en especial durante la Cuaresma, se puede mantener el Ciclo A, sobre todo en aquellas misas donde los catecúmenos elegidos estén presentes.

El Ciclo A presenta en los tres últimos domingos de Cuaresma los encuentros de Jesús con la Samaritana (Jn 4:5–24), con el ciego de nacimiento (Jn 9:1–41) y la resurrección de Lázaro (Jn 11:1–45). Estos tres episodios muestran a la comunidad y a los "elegidos" la transformación que Jesús realiza en nombre del Padre en cada uno de estos personajes—y en cada uno de nosotros—una vez que cada uno de ellos reconoce en Él la salvación y la vida. Es la temática universal de la fe que persiste durante estas semanas y que tanto el Antiguo Testamento como las segundas lecturas de estos ciclos nos muestran.

La oración en la Cuaresma a la luz de la Palabra de Dios exige de cada uno de nosotros espacio y tiempo para reflexionar.

En cada personaje que se encuentra con Jesús, podemos vernos reflejados nosotros mismos. En cada paso de esta peregrinación, desde el desierto hasta la gloria, hemos de evaluar nuestra propia historia. En cada momento que podamos saborear estos textos, sobre todo en comunidad, hemos de añadir el silencio que nos ayude a digerirlos con el firme compromiso de orar y darle gracias a Dios por su misericordia para con nosotros, pecadores, y por su vida divina, accesible a todos por la vida sacramental de la Iglesia.

A la luz de la liturgia de la Iglesia

Las oraciones durante la Cuaresma encuentran su máxima expresión en la liturgia de la Iglesia, que ha recogido desde el siglo IV cada encuentro con Cristo, narrado primero en los Evangelios, y lo ha transformado en sacramento para beneficio de los fieles.

Los símbolos de la Iglesia representan la gran peregrinación de Cristo desde su ministerio hasta la Cruz y la Pascua. Dichos símbolos evocan en nosotros la realidad que representan: el amor incondicional del Padre que envía a su Hijo para restablecer la paz por la sangre de su Cruz (cf. Col 1:20) y nos ayudan a involucrarnos con lo que representan.

La Cruz, el principal símbolo de los cristianos, es el símbolo por excelencia que domina el espacio litúrgico durante este periodo. Ya en el Viernes Santo se ha de convertir en el centro de la celebración de la Pasión, que llama a los fieles a una veneración especial y les ayuda a evaluar su entrega personal a la familia y a la comunidad. Otros símbolos han de apoyar el dominio de la Cruz durante este tiempo: el incienso, la música, la aridez del espacio por la ausencia de flores en el santuario, el color morado, y el gran énfasis en el perdón y la penitencia que aparecen tanto en cada Eucaristía como en los salmos, textos y reflexiones de los Padres de la Iglesia en la Liturgia de las Horas.

El sacramento de la penitencia, aun no siendo exclusivo de este tiempo, encuentra un lugar particular durante la Cuaresma. En el contexto histórico y transformado de los "penitentes" de los primeros siglos, es importante recordar que todos estamos llamados a pedir perdón por nuestros pecados personales y por nuestra posible participación en el pecado social. Las celebraciones penitenciales, que en las parroquias tienen lugar con la presencia de varios sacerdotes, ofrecen el espacio propicio, a la luz de la Palabra compartida, para que cada uno haga un buen examen de conciencia y se dirija a la confesión individual. En muchos sitios se ha recuperado la "Misión" parroquial como un medio de convocatoria que conduce a los fieles hacia ese verdadero encuentro con Cristo en el sacramento del perdón, así como lo experimentara la Samaritana del Evangelio de san Juan o el hijo pródigo del Evangelio de san Lucas. En ciertos sitios, después de las confesiones, se celebra el sacramento de la Unción de los Enfermos para aquellos que buscan en Cristo la salud espiritual y que anhelan el consuelo de la Iglesia ante una enfermedad seria, crónica o que se encuentran ya en una edad avanzada.

El Rito de Iniciación Cristiana para Adultos exige durante estas semanas de Cuaresma un ritmo sacramental específico y concreto. Después de su elección por el obispo diocesano el primer domingo de Cuaresma, los catecúmenos –elegidos o competentes– se someten a tres "escrutinios" celebrados al concluir la liturgia de la Palabra del tercer, cuarto y quinto domingo. Los textos de cada escrutinio nacen de las narraciones del Evangelio y conducen a la asamblea a una oración profunda que, como exorcismo, ésta ofrece sobre aquellos que han de iniciarse en la noche de la Vigilia Pascual.

Durante la semana los elegidos reciben el "Símbolo" o "Credo" para aprenderlo de memoria y poder rezarlo junto con toda la comunidad en la gran noche de su iniciación. También reciben el

Padrenuestro como oración distintiva, que ha de recordarles las bendiciones del Padre y la llamada al perdón y a la reconciliación entre todos: "…como también nosotros perdonamos a los que nos ofenden". Al unirse a estos pasos concretos de los elegidos, la asamblea cristiana retoma su ministerio de servir a los futuros iniciados al compartir con ellos su peregrinación hacia el corazón de la Iglesia. Nos resulta muy triste el saber de comunidades que viven o alejadas del camino de los catecúmenos, ajenas a su presencia, o indiferentes y poco preparadas para recibirlos como nuevos miembros de la Iglesia en su propia parroquia.

Como un modo de propiciar este espíritu de recogimiento, muchas comunidades no celebran algunos de los sacramentos durante la Cuaresma, por ejemplo, los bautizos o los matrimonios. Incluso, para acentuar un poco la aridez del "desierto" como símbolo, no se coloca agua bendita en el templo para esperar con alegría la bendición del agua nueva que se realiza en la Vigilia Pascual. Estas prácticas afectan a los fieles y no forman parte de las normas actuales de la Iglesia, por lo que requieren algún tipo de catequesis litúrgica. En cierto modo, estas comunidades parecen caminar más bien al ritmo de los "elegidos", acentuando las celebraciones de los Sacramentos de la Iniciación durante los cincuenta días del periodo Pascual.

A la luz de la piedad popular

La piedad popular encuentra su máxima expresión durante la Cuaresma. Desde las descripciones que hace la peregrina Egeria en el siglo IV, hasta las tradiciones de hoy en día, el pueblo de Dios ha querido marcar este tiempo de una manera singular y propia, sobre todo la Semana Santa.

La liturgia que permaneció en los monasterios y catedrales en el período medieval, no ayudaba a los fieles a celebrar la

Cuaresma o la Semana Santa con el mismo fervor con que lo hacían las representaciones teatrales de la Pasión o las prácticas que las comunidades religiosas promovieron ante la necesidad de preparase para celebrar el misterio Pascual. Fue el incremento de dichas prácticas populares lo que, al parecer, llevó a la Iglesia a la costumbre de cubrir otras imágenes que había en las iglesias para ayudar a los fieles a concentrarse en el Misterio Pascual que la Cuaresma anunciaba. De ahí el sentido de "misterio" que este gesto asumió no tanto por doctrina, sino por necesidad pastoral de la Iglesia en aquellos tiempos.

El viacrucis se ha convertido en una de las prácticas más conocidas de la Cuaresma. Celebrado en comunidad, casi siempre los viernes, nos ayuda a caminar con Jesús desde su juicio hasta su descenso de la Cruz. Se puede hacer de forma individual en cualquier otro día de la Cuaresma. Está dividido en catorce estaciones que ayudan a reflexionar pausadamente sobre la pasión del Señor y, a raíz de la reforma Conciliar, se puede vivir con diversas actitudes: meditando, reflexionando en los textos del Evangelio, identificando el sufrimiento de la humanidad con el sufrimiento del Señor, caminando con los pobres y afligidos, con los presos y oprimidos, con los indocumentados y exiliados.

El viacrucis es de origen franciscano y, por tanto, medieval. A pesar de su contexto bíblico—la narración de la pasión en el Evangelio—incluye algunas escenas que el propio Evangelio no contiene, tales como el encuentro del Señor con María, el encuentro con la Verónica y las tres caídas del Señor en su camino hacia el Monte Calvario. De hecho, estas escenas destacan para el pueblo algunos de los detalles que los evangelistas no necesitaron relatar a medida que anunciaban el gran acontecimiento de la Resurrección. De hecho, en los Evangelios pueden contemplarse con mayor detalle, y por varios capítulos, los diversos encuentros del Señor resucitado con sus discípulos. Incluso, en las últimas décadas, muchas comunidades han añadido una décima quinta estación titulada "la resurrección del Señor", para subrayar que el camino de la pasión de Jesús conduce a la vida nueva que Él mismo nos ofrece.

Las prácticas cuaresmales adquieren una dimensión especial después de que concluye la Cuaresma, durante el Triduo Pascual. Anticipado por el Domingo de Pasión, unos días antes, el Triduo Pascual despliega con lentitud intencional el misterio de Nuestro Señor. Aunque vamos a reflexionar sobre estos tres días en un capítulo aparte, es importante hacer notar que por siglos la Iglesia no celebraba la misa después de las doce del día y que no hubo misa de Vigilia hasta las reformas del Concilio Vaticano II. Por lo tanto, los fieles, fuera de la Iglesia, continuaron la celebración del Triduo de una manera devocional, con matices populares, distinta a la de los ritos litúrgicos que se celebraban dentro de la Iglesia.

Por ejemplo, si el Jueves Santo solamente había misa por la mañana—la Misa Crismal—los fieles comenzaron a visitar por la noche "monumentos" donde, en un lugar distinto del sagrario de la Iglesia, permanecían las especies eucarísticas. Esta visita a los monumentos, muy popular en las comunidades de origen hispano, posiblemente imitaba las siete visitas que el Papa hacía a las Iglesias de Roma durante la Cuaresma y la Semana Santa.

El Viernes Santo, aparte del Oficio Litúrgico, ha sido y es testigo de múltiples "procesiones" propias del día, en las que los fieles veneran a Jesús Nazareno como reo de muerte, cargando la Cruz o yacente después de su muerte. Acompañando al Señor van su Madre y, en muchos sitios, el único discípulo que permaneció junto a la Cruz: san Juan evangelista.

Al parecer las prácticas de la Cuaresma y, en particular, de la Semana Santa siguen formando parte integral de la espiritualidad de nuestros pueblos hispanos. Dichas prácticas ofrecen tiempo y espacio "sagrado'" para que, a través de los símbolos que utilizan y de las imágenes que las acompañan, los fieles se identifiquen ampliamente con la Pasión del Señor y puedan orar intensamente, al encomendar a Dios su propio sufrimiento y su propia miseria humana. Existe en nuestro pueblo, pues, una firme confianza en que el Crucificado nos redime por la sangre derramada en la Cruz. Por su parte, la Iglesia nos exige el compromiso de compartir, con ese mismo pueblo, que la Cruz no es el final de la Pasión, sino un camino que nos conduce a la gloria de Dios en una vida nueva y resucitada. Por ello, cada texto de la Cuaresma asume la doble dimensión del misterio pascual. En la oración recogida por el P. José Aldazábal, ya difunto, en su dosier sobre la Cuaresma palpamos este desafío que, transformado en oración, nos ayuda a recordar el compromiso de este tiempo de recogimiento interior que nos prepara para dar testimonio con nuestra vida:

Escúchanos, Señor,
a nosotros que queremos acoger en nuestro corazón
la buena simiente de los dones de Cristo;
renueva con sus dones nuestra vida
y concédenos una ágil disposición
para correr con esperanza
en el seguimiento de Cristo
hasta poder participar de su resurrección.
Ayúdanos a descubrir con alegría
que estás realizando cosas grandes en nosotros,
a fin de que lo celebremos
proclamando por doquier el pacto de amor
que has hecho con tu pueblo.

A medida que pasaban las semanas de la Cuaresma, Manuel aprendía mucho más sobre la oración y sobre las prácticas de este tiempo litúrgico. Con Carmen y Alberto se acostumbró a hacer el viacrucis los viernes en la parroquia donde también se estaba formando con los cursos para adultos. Se acordaba de lo que su abuelita le contaba y, por tanto, entendía mucho mejor la piedad popular. En las clases, sin embargo, aprendió a conocer la oración litúrgica. Antes de las reuniones de formación, el grupo celebraba la oración de la tarde o vísperas. Manuel comenzó a conocer los Salmos y a recitarlos pausadamente. También comenzó a saborear el silencio entre cada salmo y la lectura de la noche. Comenzó a descubrir un mundo nuevo que le ayudaba a profundizar más en su fe. ¡Cuán diferentes eran estas reuniones al "corre-corre" que lo llevó a buscar las cenizas semanas atrás!

Para profundizar y comentar

1. ¿Con qué estilo de oración me siento más cómodo o cómoda, más cerca de Dios?
2. ¿Cuáles fueron las prácticas de la Cuaresma con que yo crecí y que vi en mi hogar?
3. ¿He leído por completo la pasión de Jesucristo en los Evangelios, sobre todo en Mateo, Marcos o Lucas? ¿Qué me ha impresionado más de esa lectura?
4. ¿He podido hacer la oración de la mañana o de la tarde con la comunidad o con mi familia? ¿Cuánto me ayudaría?

Oración final

*Desde mi corazón arrepentido
elevo mi plegaria a Ti, Dios de amor,
que me llamas para caminar juntos por la vida.*

Te escucho en la Palabra
que relata los acontecimientos
del pueblo de la primera Alianza,
y me doy cuenta, Señor,
de que, a veces, ese pueblo
tenía un corazón de piedra, a pesar
de que sus patriarcas y profetas
trataron de transformarlo.

En la Palabra descubro tu mejor regalo:
enviaste a tu Hijo, Jesús, para hablarnos
con más claridad,
para invitarnos a vivir en el Reino
de paz y justicia que proclamó con sus apóstoles,
para "convertir" nuestro corazón de piedra
en un corazón de carne que sienta "mucho"
por el prójimo,
por los enfermos e impedidos,
por los ancianos y desamparados,
por los pobres, por los niños y las viudas,
por los indocumentados,
por las familias divididas,
por los oprimidos y opresores,
por los que sufren y los que viven en paz,
por los que más nos necesitan.

En la Palabra descubro, buen Dios,
que tu Hijo anunció que todo el que quiera caminar con Él
debe cargar con su Cruz.
Ayúdame, oh Dios, a cargar con mi Cruz
para poder disfrutar con Jesús de su gozo.

Sé que es el anuncio de la Pascua,
el tránsito del Señor de la muerte a la vida,
que celebramos en cada Eucaristía y en cada sacramento.

Desde el Bautismo, he aprendido, Señor,
a conocer la nueva Alianza que tu Hijo selló
con su muerte y resurrección.
Desde niño conocí a tu Hijo y a su Madre
en las imágenes de mi casa,
en las enseñanzas de mi abuelita,
en las oraciones de mis padres y hermanos;
pero después me olvidé de todo y de todos
sin saber por qué.
Ahora redescubro el ardor de mi fe
y siento que la semilla que sembraron
mis adultos florece dentro de mí.
He aprendido a unirme a otros como yo
que han descubierto en tu Hijo
un camino mejor,
y me ofrezco con ellos en el altar de cada misa
donde coloco lo que soy,
para ser transformado por tu Espíritu Divino
en lo que quieres que yo sea.

Desde la Palabra y el sacramento
me nutres y alimentas, oh Dios.
Con la Palabra y los Sacramentos
me ayudas a "ser" Iglesia, Señor.
Por la Palabra y la vida sacramental
me alientas a expresar mi fe
y a renovarme día a día
para servirte a Ti y al prójimo con mayor sinceridad.

3
Del consumismo al ayuno y la verdadera penitencia

A nuestra sociedad del Hemisferio Norte se le conoce como una sociedad de consumo. Por ello, la conciencia del ayuno puede estar poco presente entre sus habitantes. Existe, por supuesto, el concepto de "dieta" que se fomenta de muchas maneras por los medios de comunicación. Dichos anuncios, sin embargo, van dirigidos o bien a la salud del individuo o a su belleza personal. Quizás muchas personas confundan el ayuno con la dieta, pero, en realidad, no son lo mismo. El ayuno nos traslada del mundo del consumo individual y del egoísmo, al mundo de la generosidad hacia el prójimo; el ayuno nos invita a tener conciencia de aquellos que carecen de los elementos más básicos de la vida humana y que, a veces, conviven con nosotros en nuestra misma sociedad como desamparados, desempleados u oprimidos.

Ya en la introducción de este libro mencionábamos cómo para la Iglesia la penitencia formó parte integral de la vida cristiana. De hecho, la Iglesia hace eco en su tradición de la necesidad de hacer penitencia por nuestros pecados e insiste desde sus comienzos en dos tipos de penitencia, sin excluir otras: el ayuno cuaresmal, siempre acompañado de la oración y de la caridad o limosna; y la abstinencia. ¡Cuán difícil es practicar ésta o cualquier penitencia en nuestros días, cuando se vive en una sociedad que responde más al consumo y desecha todo lo que sobra y no sirve! En realidad, es mucho lo que se desecha en nuestra vida diaria. Hay muchas sombras que merodean por nuestros ambientes. Una de esas sombras es la actitud de desechar todo y que, por desgracia, puede predominar en nuestro vivir cotidiano.

Desechamos papeles, bolsas, teléfonos celulares, computadoras; desechamos la comida que puede alimentar a muchos y hasta la ropa que todavía es útil pero que quizás no está ya al último "grito" de la moda. Desechamos artículos del hogar que todavía sirven y los sustituimos por algo más moderno; desechamos los libros que ya hemos leído, las cortinas que cambian con los muebles nuevos, los manteles y los utensilios que creemos que se han gastado. Hasta hemos aprendido a desechar la vida cuando la consideramos no-vida, ya sea de un niño no nacido o de un anciano que no responde a estímulos externos. En esta sociedad guiada por la actitud de desechar todo, ¿cómo se puede practicar la penitencia en Cuaresma o fuera de Cuaresma?

Sabemos que el ayuno, al igual que la llamada a la conversión, formó parte de la historia de fe del Pueblo de Israel por muchos siglos. Por ello, el ayuno de los cristianos en los primeros siglos siempre estuvo muy presente, imitando al mismo Jesús ante las tentaciones del demonio en el desierto. La *Didakhé* o instrucción de los apóstoles, que data de finales del siglo I, menciona que los cristianos practicaban el ayuno el miércoles y el viernes de la semana, aunque para el siguiente siglo se añadió en Roma el sábado. A partir del siglo VI, el ayuno del miércoles y el del viernes se sustituyó por la abstinencia, aunque ambos—ayuno y abstinencia—se mantuvieron como prácticas en ciertas épocas del año conocidas como las cuatro témporas, porque tenían lugar cuatro veces al año, y tanto el ayuno como la abstinencia se practicaban el miércoles, el viernes y el sábado de cada témpora.

Desde sus comienzos las comunidades cristianas ayunaban consumiendo una sola comida al día y ésta sin ningún tipo de carne, aceite o vino. Lo hacían el día previo a las grandes solemnidades, a esto más tarde se le llamó "vigilia". Algunas de estas vigilias especiales eran la de Pentecostés, la de la Asunción, la de Todos los Santos, la de la Inmaculada Concepción y la de Navidad. En las noches, antes de cada solemnidad, también se practicaba en muchos sitios la abstinencia de todo tipo de carne. Muchos sostienen que, a partir del siglo XIV, la comida fuerte se hacía al mediodía y no en la tarde. A partir del siglo XX, el mandato del ayuno se redujo a la Cuaresma, pero la abstinencia se mantuvo para todos los viernes y sábados del año, aunque hubo países o regiones que disfrutaron de ciertas dispensas concedidas por la Santa Sede (por ejemplo, Irlanda y España).

Para comprender las prácticas de la Iglesia sobre el ayuno y la abstinencia, debemos colocarlas siempre en ese espíritu de penitencia al cual nos invita la Cuaresma desde la imposición de las cenizas. Este espíritu de penitencia en la Iglesia no proviene de una concepción negativa de la vida, una concepción que vea "mal'" en todas partes. Se trata más bien de imitar a al mismo Cristo, que supo resistir a las tentaciones del Maligno con la ayuda de Dios y con mucha disciplina personal. Estas prácticas penitenciales del ayuno y de la abstinencia son las más conocidas por los fieles católicos y tienen sus raíces contemporáneas en la Constitución Apostólica *Paenitemini* del Papa Pablo VI, proclamada en el año 1966. Dichas prácticas están recogidas también en el Código de Derecho Canónico, en los cánones 1250–1253.

Muchos se preguntan en qué consiste el ayuno cuaresmal. A imitación de los ayunos sostenidos en otras épocas del año, el ayuno cuaresmal consiste en el consumo de una comida fuerte al día con dos comidas muy ligeras durante el resto del día. La práctica de la abstinencia es mucho más conocida como la práctica de no comer carne los viernes del año. Esta práctica continúa en muchas partes del mundo, aunque en los Estados Unidos la Conferencia Episcopal propuso y recibió el permiso de promoverla solamente los viernes de Cuaresma, exhortando a los fieles a que practicasen otra penitencia los demás viernes del año.

El ayuno del Miércoles de Ceniza y del Viernes Santo solamente es obligatorio para los mayores de 18 años de edad y menores de 59. La abstinencia es obligatoria para los mayores de 14 años de edad en adelante y se ha de practicar todos los viernes de Cuaresma, a no ser que en alguno de esos viernes se celebren las solemnidades de la Anunciación del Señor o de San José, en cuyo caso los fieles están dispensados de ayunar. El ayuno, por supuesto, tiene que ver con la "comida" que se ingiere y no con la bebida que se toma durante este tiempo. Evidentemente, siempre hay excepciones para cada norma y la enfermedad, el viaje o el olvido pueden justificar el no cumplimiento de estas obligaciones. También es posible que en ciertas partes del mundo, tanto el ayuno como la abstinencia de carne los viernes de Cuaresma, se hayan sustituido por otra penitencia.

Además del mandato que existe para los católicos sobre el ayuno y la abstinencia durante la Cuaresma, la Iglesia siempre ha exhortado a los fieles a que practiquen otros tipos de penitencias. Es decir, si los católicos nos limitamos a practicar el ayuno y la abstinencia solamente durante la Cuaresma, por muy bien que lo hagamos, estamos reduciendo el contexto penitencial a un tiempo muy limitado, cuando en realidad se debe tratar de una actitud habitual, si bien acentuada durante el periodo cuaresmal.

Algunos todavía podrían preguntarse por el bien que nos puede hacer el ayuno cuaresmal o si es simplemente una práctica más que exige la Iglesia durante este periodo. Desde su origen, a imitación de Jesús, el ayuno nos ayuda a resistir las tentaciones. ¿Cuáles tentaciones? En cierta manera, nuestras tentaciones se parecen mucho a las de Jesús en el desierto y por ello hemos de recurrir al ayuno como una forma de resistencia ante ellas. En estos párrafos señalaremos, sin ser las únicas, tres de las más comunes en nuestros días. Como Jesús venció las suyas con el ayuno, también a nosotros el ayuno nos puede ayudar a superarlas. Las tres comienzan con la letra "E": *egoísmo, etnocentrismo* y *exclusivismo.*

La tentación del egoísmo no es nueva. Se revela en nuestra humanidad desde el comienzo de nuestra vida. Si no crecemos ni maduramos emocional y espiritualmente, siempre nos comportaremos como el niño que lo quiere todo para sí y que valora sus acciones según éstas complazcan su "yo", su ego. En una criatura que va creciendo, ésta es una etapa de su vida que cambia y madura con los años. En los jóvenes o adultos que viven con esa actitud, el egoísmo se convierte ya en una forma incontrolable de vivir, a no ser que los "sacudan" desde fuera para poder afrontar la actitud interna que consume ese corazón de piedra. La ausencia de lo material o bien de comidas innecesarias o bien de objetos que nos ciegan nos puede ayudar a comprender que nuestro tesoro no está en lo que acumulamos, sino en el Cielo y en lo que nos lleva a él. Nuestro propósito es peregrinar hacia Dios, dejando a un lado el "ego" para aprender a vivir en y por los "otros", por medio del verdadero amor y de la única entrega en el servicio.

El egoísmo personal, compartido por familiares, amigos y colegas, puede conducir al etnocentrismo. Este término describe al grupo social que vive convencido de que es el mejor, y sobre todo, mejor que los demás. Es una tentación comunitaria en la que caen quienes viven en países como los Estados Unidos y que afecta a comunidades marginadas a las que se les denomina de forma peyorativa como "minorías". El etnocentrismo se manifiesta en actitudes y expresiones llenas de racismo, prejuicios y resentimientos y no es exclusivo de la cultura dominante. Como actitud, también se percibe en muchos grupos culturales ya adaptados a una nueva sociedad que ven como inferiores a los que llegan más tarde. La actitud etnocentrista de los primeros tiende a oprimir los esfuerzos de los segundos. Ante esta actitud etnocentrista, la vida humana se ve regida por leyes injustas o por actitudes negativas que niegan la dignidad de la persona humana y colocan el aparente bien común por encima de las necesidades de los otros. La actitud etnocentrista, por lo tanto, conlleva un espíritu negativo de competencia y de no colaboración.

No obstante, y en términos bíblicos, la actitud etnocentrista que en diversos textos se puede percibir como parte integral de la formación del Pueblo de Israel, se ve gradualmente transformada por las declaraciones proféticas que anuncian al Dios que llamará a todas las naciones para acogerlas en su regazo: "Ahora vengo a reunir a los paganos de todos los pueblos y de todos los idiomas. Y cuando vengan, serán testigos de mi gloria" (Is 66:18).

No hay duda de que en el Nuevo Testamento, Jesús anuncia el Reino desde un corazón abierto y misericordioso, e instruye a sus discípulos a perdonar hasta al enemigo. El ayuno, sobre todo cuando se lleva a cabo a nivel comunitario en una parroquia o entre grupos de oración o de servicio, puede ayudarnos a comprender mejor el valor de la vida de los demás y a superar los egoísmos que se promueven en la familia y en la sociedad. La ausencia de lo material nos puede ayudar a descubrir la actitud de acogida que Jesús reflejó en su ministerio y que la Iglesia de los primeros siglos tuvo.

La tercera tentación para nosotros es el exclusivismo. Excluimos a muchos de nuestra vida, o porque nos molestan o porque no queremos que compartan con nosotros las decisiones que nos ayudan a crecer y a desarrollarnos. El exclusivismo se puede manifestar en el hogar, cuando sólo el padre o la madre tienen la última palabra y los hijos no pueden aportar nada a las decisiones familiares; o en la política o incluso en la vida de la Iglesia, cuando favorecemos a un grupo determinado de personas y lo hacemos nuestro "favorito" para el proyecto eclesial. El exclusivismo también nos puede atar a actitudes negativas que nos llevan al rechazo de los demás y a juzgar por las apariencias y no de forma objetiva.

Ante esta actitud, recordemos el texto del primer libro de Samuel, cuando tenía que elegir al próximo rey de Israel. Ante los muchos hijos de Jesé de Belén, Samuel escuchó la advertencia del Señor y escogió a David, el menos indicado en aquel momento: "Dios no ve las cosas como los hombres: el hombre se fija en las apariencias pero Dios ve el corazón" (1Sam 16:7). Para Dios no hay favoritismo sino vocaciones llamadas a servir y a amar donde el Señor las coloque: en el hogar, en la sociedad o en la Iglesia. Ante la ausencia de lo material, esto es, con el ayuno, podemos evaluar nuestros juicios y nuestros comportamientos para abandonar actitudes exclusivistas y cultivar otras más abiertas las cuales, aunque impliquen riesgos, van acompañadas de la seguridad que la fe y la confianza en Dios nos proporcionan.

Retomemos la pregunta hecha al inicio del capítulo: en esta sociedad donde se desecha tanto, ¿de qué manera se puede practicar la penitencia dentro y fuera de la Cuaresma?, ¿de qué nos hemos de privar para experimentar la ausencia de lo material que nos ata y así vivir en la libertad del Señor?, ¿de la televisión o del celular?, ¿de la crítica o de los juicios sobre los demás, del resentimiento, del deseo de venganza, de los prejuicios, del racismo o del odio? La opción que hagamos será importante y muy personal.

El Evangelio del primer domingo de Cuaresma, desde la imagen del desierto, nos invita a sentir hambre y sed de Dios y así ayunar de una manera positiva y no por miedo al mal. En su entrega al Padre, al comienzo de su vida ministerial, Jesús afirma la tradición profética que el mismo Isaías había proclamado unos siglos antes de su nacimiento. La Iglesia, a imitación de Jesús, también nos invita a contemplar el ayuno como lo contemplaban Isaías y algunos de los profetas:

"Porque en los días de ayuno ustedes se dedican a sus negocios y obligan a trabajar a sus obreros. Ustedes ayunan entre peleas y contiendas, y golpean con maldad. No es con esta clase de ayunos que lograrán que se escuchen sus voces allá arriba….

¿No saben cuál es el ayuno que me agrada? Romper las cadenas injustas, desatar las amarras del yugo, dejar libres a los oprimidos y romper toda clase de yugo. Compartirás tu pan con el hambriento, los pobres sin techo entrarán a tu casa, vestirás al que veas desnudo y no volverás la espalda a tu hermano.

Entonces tu luz surgirá como la aurora y tus heridas sanarán rápidamente. Tu recto obrar marchará delante de ti y la Gloria de Yavé te seguirá por detrás. Entonces, si llamas a Yavé, responderá. Cuando lo llames, dirá: 'Aquí estoy.'" (Is 58:3–9).

A Manuel le gustó mucho el pasaje del profeta Isaías. En las clases para adultos se dio cuenta de que Jesús no había venido a abolir la ley ni los profetas del Antiguo Testamento, sino a cumplir todo lo que ya se había proclamado desde antes con hechos y no solamente con palabras.

En su trabajo, Manuel pensaba en todo lo que había comprado en las tiendas y que no necesitaba. Poco a poco hizo una lista con las prioridades de lo que era básico y no, para comprar solamente lo necesario. Si veía algo especial, hacía el esfuerzo de adquirirlo no para él, sino para otra persona o bien para sus familiares o amigos.

Manuel comprendió lo del ayuno y la abstinencia, pero le costaba trabajo lo de los viernes, porque a veces se olvidaba de que era viernes de Cuaresma y comía pollo o carne al mediodía.

Los viernes se desayunaba muy ligeramente y casi ni cenaba; en la Iglesia a la que Carmen y Alberto lo llevaban para las clases, el grupo de formación decidió cenar también muy ligeramente con una sopa y pan. Era una forma de ayunar juntos. Manuel se unió a ellos todos los viernes de Cuaresma y en su casa comenzó a calcular lo que le costaría la cena en un restaurante. Comenzó a separar el gasto de esa cena en un sobre especial. Si bien hacía lo posible por cumplir con el mandato de la Iglesia, por sus conversaciones con Carmen, también quiso extender su espíritu de penitencia más allá de este mandato.

Para profundizar y comentar

1. ¿Qué costumbres de hoy en día me impiden hacer penitencia?
2. ¿Cuál es el mejor ayuno que podría hacer durante la Cuaresma?
3. ¿Cuál de las tres tentaciones contemporáneas me ha seducido más durante mi vida diaria?
4. ¿Cómo podemos ser signos de Cristo en una cultura donde muchas cosas son desechables?

Oración final

Dios bondadoso y misericordioso:
creaste el universo entero,
el sol, la luna y las estrellas,
las galaxias y los planetas,
los árboles de la tierra
y los animales salvajes y domésticos,
los peces y las aves;
creaste al ser humano para que
reflejase tu imagen,
y lo llamaste a cuidar

de todo lo creado.
Te alabamos y te bendecimos.
Te damos gracias
por este regalo de la creación,
a pesar de que, en muchas ocasiones,
nos hemos olvidado de cuidarla
y la hemos usado para fines que nos conducen al materialismo,
a comprar y a vender,
a gastar y a consumir,
olvidándonos de aquellos que no tienen
con qué comprar, ni cómo comer.

Al encontrarnos con tu Hijo,
ayunando en el desierto,
nos damos cuenta de que no hay nada
que valga tanto como el regalo de la fe,
la llamada a vivir en la caridad,
y el mandato de anunciar la esperanza
en nuestras vidas.
Jesús, tu Hijo amado,
nos invita a despojarnos de lo que no necesitamos,
de lo que no usamos,
de lo que guardamos sin saber por qué,
y nos pide que lo compartamos con los que nos rodean,
con los que sufren en Haití o en Sudán,
o en los pueblitos pequeños de México,
Centroamérica y Sudamérica;
con los que recién te han conocido a través de tu Madre
y celebran misa en iglesias sin techos
o en los puestos de misión en Cuba;
con los que han sufrido
tifones y tsunamis en Asia.

*¿Acaso no es este nuestro mejor ayuno,
nuestra mejor penitencia?
¿Despojarnos, no de los que nos sobra,
sino de los que no necesitamos?*

*Sabemos que es necesario controlar
nuestra inclinación a comer,
a comprar, a gastar.
Tú, Señor, nos brindas tu ayuda
para dejar a un lado nuestras riquezas
y reconocer que desde la pobreza de nuestras vidas,
adornadas por cosas materiales y transitorias,
nos llamas a una nueva realidad,
a un nuevo amanecer,
a una dimensión trascendente
que nos transporta a saborear
con sencillez la riqueza de tu fuerza y de tu amor.*

*Transforma nuestro egoísmo en caridad,
nuestra ansia de consumir en generosidad,
nuestro deseo de "tener" en la virtud de "dar".
Y haz que nuestra penitencia cuaresmal
vacíe nuestro corazón de tal forma
que Tú lo puedas enriquecer con tu gracia.*

4
¿Qué damos en Cuaresma: ofrendas, limosnas o diezmo?

El tercer elemento que surge del Evangelio con el que la Iglesia abre la Cuaresma es el de la caridad. Algunas versiones han traducido este elemento como "limosna" y otras como "ofrendas". Para los hispanos, y por un proceso histórico que evolucionó en América ante la miseria de tantos pueblos, la palabra "limosna" tiende a describir lo que "sobra" y no lo que la Iglesia destaca como una práctica cuaresmal. Se le da limosna al pordiosero, al desempleado, al que nos espera a la entrada de las iglesias. A ellos les damos las moneditas que nos sobran con un gesto respetuoso y lleno de amor, pero que no implica o refleja ningún tipo de compromiso.

Algo semejante sucede con la palabra "ofrenda" que aparece casi siempre más asociada al rito de la presentación de las ofrendas en la liturgia eucarística. En este caso, la palabra "ofrenda" conlleva en sí un mayor compromiso que la palabra "limosna". La ofrenda tradicionalmente la hacían los miembros de una comunidad que traían al altar los mejores frutos de la cosecha, no los que les sobraban. La ofrenda implicó siempre que para Dios se debía ofrecer lo mejor, como acción de gracias por el regalo de la Creación y los frutos que ésta proporcionaba. La práctica no es exclusiva de los cristianos. Aparece repetidamente en ritos pre-cristianos de Meso y Sudamérica, al igual que en otras comunidades de África y Asia.

El uso de la palabra "ofrenda" en los primeros siglos de la Iglesia siempre implicó una forma de desprendimiento deducido de las mismas enseñanzas de Jesús. Muchos de estos textos denunciaban la avaricia y llamaban a la generosidad, por ejemplo:

> "¡Qué difícilmente entrarán en el Reino de Dios los que tienen riquezas!" (Mc 10:23).

> "No junten tesoros y reservas aquí en la tierra, donde la polilla y el óxido hacen estragos, y donde los ladrones rompen el muro y roban. Junten tesoros y reservas en el Cielo, donde no hay polilla ni óxido para hacer estragos, y donde no hay ladrones para romper el muro y robar. Pues donde está tu tesoro, allí estará también tu corazón" (Mt 6:19–21 y también Lc 12:33).

> "Eviten con gran cuidado toda clase de codicia, porque aunque uno lo tenga todo, no son sus posesiones las que le dan vida" (Lc 12:15).

Esta concepción de la ofrenda permaneció en la tradición de la Iglesia y se transformó en el quinto mandamiento de la Iglesia, por el cual todos los católicos estábamos llamados a "ofrecer diezmos y primicias". Las primicias correspondían a los "primeros" frutos de la tierra o al primer regalo recibido; el diezmo, por su parte, correspondía a una porción de lo logrado por el buen trabajo de la semana o del mes. Hoy en día se traduce el diezmo como el diez por ciento del trabajo de cada familia o de cada persona. Tanto la ofrenda como el diezmo deben formar parte integral de la vida cristiana de todos los fieles que viven agradecidos a Dios por los bienes recibidos y aceptan el compromiso de apoyar a la comunidad en todas sus necesidades. En cierta forma, la llamada a las primicias y al diezmo nace de la experiencia de los primeros cristianos, según nos lo recuerda el Libro de los Hechos:

> "Entre ellos ninguno sufría necesidad, pues los que poseían campos o casas los vendían, traían el dinero y lo depositaban a los pies de los apóstoles, que lo repartían según las necesidades de cada uno" (He 4:34–35).

Ya que la palabra "limosna" se utiliza en muchos Leccionarios en castellano para anunciar esta tercera invitación a participar en la Cuaresma, debemos comprender, por lo tanto, el sentido que la misma encierra aunque, por razones culturales, el sentido aparezca bastante limitado en relación con lo que Jesús pide a sus discípulos en el Evangelio. Aunque el sentido más cercano a las palabras del evangelista lo mantiene el término de "ofrenda", sería conveniente preguntarnos si la palabra conlleva un compromiso familiar o una llamada radical que en la Cuaresma sirve de renovación y de purificación.

La llamada a vivir la caridad es indispensable para la vida cristiana. La caridad es el amor y, como dice san Juan, Dios es amor. La Cuaresma nos invita a vivir la caridad y a practicarla de una manera singular, no ofreciendo limosnas que nos sobran sino ofreciéndonos nosotros mismos, a imitación de Cristo que se ofreció por nosotros en la Cruz. La caridad, sin embargo, no "se practica", más bien, se vive desde un corazón renovado y generoso. ¿De qué vale hacer ofrendas sin amor? Así nos lo recuerda san Pablo en su primera carta a los Corintios:

> "Aunque repartiera todo lo que poseo e incluso sacrificara mi cuerpo, pero gloriarme, si no tengo amor, de nada me sirve" (1Cor 13:3).

La caridad, o el amor a Dios y al prójimo, nace de la entrega de Jesús, quien nos invita a hacer lo mismo por los demás. Otros dos textos del Nuevo Testamento nos ayudan a reflexionar sobre la caridad transformada en ofrenda como respuesta al amor que Dios nos ha tenido en Cristo. El primero refleja un gesto personal y radical, inigualable en su contexto e inimitable hoy en día sin una fe profunda en la presencia de Dios:

"Jesús se había sentado frente a las alcancías del Templo, y podía ver cómo la gente echaba dinero para el tesoro; pasaban ricos y daban mucho, pero también se acercó una viuda pobre y echó dos monedita s de muy poco valor. Jesús entonces llamó a sus discípulos y les dijo: 'Yo les aseguro que esta viuda pobre ha dado más que todos los otros. Pues todos han echado de lo que les sobraba, mientras ella ha dado desde su pobreza; no tenía más, y dio todos sus recursos'" (Mc 12:41–44).

Más que el contenido de la ofrenda, el texto nos ayuda a descubrir una actitud ante Dios que es indispensable: la confianza en Él que clama por una entrega total, ya realizada en Cristo, y que sigue pidiéndola a todos los discípulos del Señor. Es la actitud que la Cuaresma nos invita a cultivar y que no se descubre sin la oración y el ayuno. Por ello, la oración, el ayuno y la limosna u ofrenda han de formar una trilogía de prácticas que brotan de la conversión personal al Dios que nos llama a una vida nueva.

El segundo texto habla del amor al prójimo y es más fácil de entender porque expresa en sí la llamada a la reconciliación que también anuncia la Cuaresma y que los primeros cristianos siempre practicaron. Lo encontramos en el libro de los Hechos que narra una necesidad específica a la que los Apóstoles respondieron con sensibilidad y premura:

> "Por aquellos días, como el número de los discípulos iba en aumento, hubo quejas de los llamados helenistas contra los llamados hebreos, porque según ellos sus viudas eran tratadas con negligencia en el servicio diario. Los Doce reunieron la asamblea de los discípulos y les dijeron: 'No es correcto que nosotros descuidemos la Palabra de Dios por hacernos cargo de este servicio. Por lo tanto, hermanos, elijan entre ustedes a siete hombres de buena fama, llenos del Espíritu y de sabiduría; les confiaremos esta tarea'" (Hechos 6:1–3).

Aunque ambos textos destacan a las "viudas", los pasajes no quieren mostrar solamente una condición social propia de aquellas mujeres que desde muy jóvenes perdían a sus esposos. Ambos textos destacan a una de las personas más necesitadas en la época de los evangelios. Las viudas y los huérfanos siempre fueron para la Iglesia los fieles más queridos y atendidos, precisamente porque no podían valerse por sí mismos.

El mismo san Pablo hace varias referencias a la necesidad de recoger ofrendas para asistir a los más necesitados en Jerusalén, donde residían Pedro y otros apóstoles. Se lo recuerda a los Corintios también en su primera carta, aunque una de las traducciones se refiere a estas ofrendas como "donaciones":

> "Cada domingo, cada uno de ustedes ponga aparte lo que pueda, y no esperen a que yo llegue para recoger las limosnas. Cuando llegue daré credenciales a los que ustedes hayan elegido para que lleven esas limosnas a Jerusalén. Y si puedo ir también yo, harán el viaje conmigo" (1Cor 16:2–4).

Y en la segunda carta a los Corintios alaba a las Iglesias de Macedonia por su generosidad:

> "A pesar de que han sido tan probadas y perseguidas, su gozo y su extrema pobreza se han convertido en riquezas de generosidad. Puedo atestiguar que lo hicieron según sus medios, e incluso por encima de sus medios; espontáneamente nos recordaban, y con mucha insistencia, esa iniciativa generosa y ese compartir que es la ayuda a los santos. Superaron todas nuestras expectativas, y Dios quiso que se pusieran ellos mismos a disposición nuestra y del Señor" (2Cor 8, 2–5).

La Cuaresma nos llama a una práctica que siempre formó parte integral de la vida de la Iglesia, pero que a nosotros parece que se nos olvida por caer en la tentación de atesorar lo que es transitorio y lo que no perdura. Quizás esta tentación se ha convertido en una necesidad que surge de la inseguridad social en la que nos desenvolvemos, el miedo a no tener empleo, la carencia de lo básico en el hogar, la imposibilidad de crecer como familia, la falta de oportunidades en la educación.

La Cuaresma, sin embargo, nos invita a superar esos miedos y a madurar en la confianza que nace de la fe para compartir con todos, en un espíritu de reconciliación y de justicia, los dones de la tierra, los dones que el Señor nos ha confiado en nuestra travesía hacia la vida eterna. Como la viuda del Evangelio, si compartimos con otros lo que tenemos, nos convertimos en una ofrenda agradable al Señor. Más que lo que tenemos, vale lo que somos ante Dios, el mundo y los demás.

Las ofrendas de Cuaresma reflejan una actitud de generosidad, que nace del mismo Evangelio. De hecho, se convierten para todos en una de las respuestas a la invitación hecha por el Concilio

Vaticano II cuando invitó a los fieles a la participación activa de la liturgia (*Sacrosanctum Concilium* 14). Esta participación activa que se realiza en la liturgia, nuestra oración comunitaria por excelencia, debe palparse también fuera de la liturgia, en el testimonio de vida que damos día tras día, esto es, realizando actos concretos de caridad, ayudando a nuestros hermanos. Durante la Cuaresma podemos explicitar mucho más este testimonio.

Desde hace varias décadas, la Iglesia ha venido promoviendo el "diezmo" como "mayordomía" (en inglés, *stewardship*). A muchos católicos les ha costado trabajo aceptarlo, porque siguen viviendo el concepto de "limosna" y creen que alguien de la Iglesia es quien debe resolver los problemas de las comunidades pequeñas, no ellos. Los que piensan así, lamentablemente, pierden la oportunidad de vivir una experiencia espiritual. La mayordomía es un instrumento espiritual por el que nos desprendemos de lo que nos ata materialmente para servir al Señor y a la Iglesia. Dios nos llama a darle tiempo en la oración, a transformar nuestros talentos en dones al servicio de los demás y a compartir nuestros bienes con los demás. La Cuaresma nos invita a reflexionar sobre este tema que nos traslada, más allá de los cuarenta días propios del tiempo, a considerar nuestro compromiso semanal de tiempo, talento y tesoro con Dios y con la Iglesia.

Carmen y Alberto le explicaron a Manuel la entrega radical que representaba la práctica de las "ofrendas", según el Evangelio del Miércoles de Ceniza. Manuel escuchó la explicación con atención, pero le costaba trabajo "dar" más que limosnas a los más necesitados, hasta que un día Alberto le dijo claramente: "Manuel, yo lo veo de esta manera. Soy yo el que me libero cuando ofrezco al Señor la primera hora de mi trabajo. Cuando recibo el cheque, guardo el sueldo de una hora y se la llevo al Señor el

domingo. Esto lo hago siempre, no solamente en Cuaresma. En este tiempo, trato de desprenderme de más y al hacerlo me siento libre, no porque ayudé al otro, sino porque sé que de alguna manera Dios me va a bendecir. No quiero cambiar esa libertad por el dinero, que a veces me ata bajo las apariencias de seguridad".

Y Manuel, poco a poco, quiso aprender más de cómo ser un buen administrador o mayordomo de las cosas del Señor. De hecho, sus ofrendas los domingos crecieron de tal manera que nunca le faltó nada y, por el contrario, siempre tenía mucho que compartir con los más necesitados.

Para profundizar y comentar

1. ¿Cómo entiendo la diferencia entre limosna y ofrenda?
2. ¿Qué tipo de ofrenda puedo compartir durante la Cuaresma?
3. ¿Cómo puedo responder, cada semana, al mandato del 'diezmo'?
4. ¿Qué significa ser un buen 'mayordomo' en mi comunidad parroquial?

Oración final

Aquí vengo, Señor,
a traerte lo que tengo y lo que soy.
Te traigo mi pobreza espiritual
para que tú me hagas rico en el amor.
También te traigo mis preocupaciones
ante la falta de recursos,
el peligro del desempleo,
la falta de fondos en el banco para pagar las deudas.
Te traigo las inseguridades de la vida diaria
para que Tú, Señor, me ayudes a superarlas.

A veces me pregunto:
¿cómo pudo hacer la viuda del Templo
después que dio su "última" moneda?
¿Quién se ocupó de ella? ¿Los apóstoles?
Si Tú notaste su entrega,
alguien la tuvo que ayudar.

También me pregunto si Zaqueo fue fiel a sus palabras
de entregarle al Templo lo que prometió
y de no seguir robando en su profesión como cobrador.

Me sigo preguntando:
¿Cómo guardaba Judas el tesoro de tu familia, Señor?
¿Habría hecho trampas?
¿Cuál fue la impresión de los apóstoles
cuando multiplicaste el pan y los peces?
Son muchas las preguntas que tienen que ver
con el dinero, con la forma en que vivías con los apóstoles,
la manera en que sostenías a tus discípulos.

Tiene que haber sido la caridad de todos,
la generosidad y el convencimiento firme
que nace de una fe en Ti y en la comunidad,
que poco a poco formabas en medio de tantas necesidades.

Al leer y reflexionar sobre estos textos,
adquiero una confianza inexplicable.
Siento que toda mi vida debe ser una ofrenda
de palabras y obras para darte gloria y honor.

Siento que, a pesar de que carezco de muchas cosas,
no me falta nada, porque Tú me das lo que necesito,
y no todo lo que quisiera tener.

*Al releer estos textos del Nuevo Testamento,
me doy cuenta, Señor, de que todos estamos necesitados,
de que no soy ajeno a los demás,
porque formo parte de una familia,
cuyos miembros se preocupan los unos por los otros.
Soy un ladrillo colocado para ayudar a construir
el Templo de tu Iglesia, de tu Cuerpo.
Soy un peregrino que pertenece
al Pueblo que camina por la vida,
llamado a sembrar con tu Buena Noticia la semilla de la fe.*

*Sana en mí el deseo de tener tanto
y de poseer mucho.
Sana en mí el deseo de comprar y de gastar,
cuando tengo más de lo que necesito.
Hazme generoso ante las necesidades de los demás,
y ayúdame a vencer la tentación de negar mi ayuda personal
a aquellos que me la pidan,
a pesar de mi pobreza y de mi falta de recursos.*

*Dice el canto:
"Todo lo poco que soy, yo te lo ofrezco".
Te ofrezco lo que hubiera podido ser y
ahora quiero ser.
Te ofrezco mi deseo de vivir comprometido
con la Iglesia de una nueva manera.
Ayúdame a ser un buen "administrador"
de los bienes de la creación que me has confiado.
Ayúdame a ser un buen "mayordomo"
que cuida de tu Iglesia y que la ayuda a crecer.
No más limosnas, Señor.
¡Acepta mi ofrenda y mi clamor!*

5
El Triduo Pascual

Cuando Manuel llegó a la iglesia el Domingo de Ramos, se encontró casi con tantos fieles como el Miércoles de Ceniza. La bendición de los ramos se llevó a cabo al comienzo de la misa y a Manuel le extrañó que muchas de estas personas se fueran a sus casas y no se quedaran para la misa. De hecho, se acordó de que en más de una ocasión él hizo lo mismo cuando era adolescente... Su abuelita le había hablado de los ramos benditos y él los guardaba en la casa, detrás de la puerta o colgados de algún cuadro, como algo que le daría seguridad y protección. Eso era antes, cuando no conocía tan bien el sentido de de la Cuaresma y hoy se preguntaba: ¿cómo es posible que no se queden en la iglesia para comenzar a celebrar la semana más importante para todos los cristianos?

Manuel, ya dentro de la iglesia, notó que algunos de los fieles hacían cruces con los ramos y no prestaban atención a la Palabra que se estaba proclamando, aunque cuando llegó la hora del Evangelio, se mostraron respetuosos y atentos.

El Domingo de Ramos es, en esencia, el Domingo de Pasión, y, desde el comienzo de esta Semana Santa, los fieles están llamados a escuchar la Pasión del Señor como anticipo de los tres días que comienzan el Jueves Santo y que se conocen como el Triduo Pascual. Manuel, que había ido de nuevo a la iglesia con Carmen y Alberto, escuchó la Pasión completa y, por la homilía del sacerdote, se dio cuenta de que el "ramo" que iba a llevar a su casa representaba las palmas que utilizaron los hebreos al recibir a Jesús como Mesías en Jerusalén, pero también se convertía para él y para todos en símbolo de su propia vida, renovada por la Pascua. Es decir, ese ramo bendito le recordó el llamado a mantener su vida cristiana tan fresca y reluciente como los ramos que aclamaron al Mesías siendo testigos de su llegada a la Ciudad Santa de Jerusalén.

Manuel entendió que el Domingo de Pasión o Domingo de Ramos actualizaba en gesto y música la cercanía de las celebraciones del misterio Pascual para las que la Cuaresma lo había venido preparando. Con la Iglesia, y lleno de esperanza y de muchas expectativas, Manuel escuchó con más intensidad y empeño la llamada cuaresmal al ayuno, la oración y la ofrenda.

Un breve panorama histórico

La Cuaresma en sí concluye con las vísperas del Jueves Santo. Sin embargo, para nuestros fieles, el Domingo de Pasión parece indicar una nueva etapa en las celebraciones de la Iglesia. A partir de ese domingo, las comunidades cristianas se preparan para el Triduo Pascual de varias maneras: por la oración en común, acercándose a las celebraciones penitenciales con confesiones y asistiendo a la misa Crismal con el Obispo de la diócesis, quien consagra los óleos que se han de utilizar en todas las parroquias durante el año. El tiempo de preparación se intensifica en estos primeros días de la semana para los catecúmenos "elegidos" que han de hacer su iniciación en la Noche Santa de la Pascua. Es preferible que se aparten de todo y que el mismo Sábado Santo en la mañana disfruten de un tiempo de reflexión, de ayuno y de oración con otros miembros de la comunidad.

Desde 1969, y como fruto de la reforma litúrgica, estos últimos tres días de la Semana Santa se conocen como el Triduo Pascual. De hecho, estas celebraciones que conmemoran el tránsito de Jesús en su pasión, muerte y resurrección, comenzaron en Jerusalén. La peregrina Egeria (381–384) es una de las fuentes principales para comprender el movimiento dinámico de estas celebraciones en la Ciudad Santa. Los peregrinos en Jerusalén anhelaban revivir el Evangelio con liturgias que marcaban el lugar y la hora en que los acontecimientos salvadores de la Pasión habían sucedido.

Las celebraciones del Triduo, sin embargo, adquirieron diversos matices según el énfasis teológico que en cada sitio se les daba. Si en Jerusalén estas celebraciones invitaban a ir en peregrinación a los lugares sagrados, en Roma adquirieron un matiz penitencial. En Jerusalén, por ejemplo, desde el siglo IV se celebraban dos misas para abrir el triduo el Jueves Santo, una en la basílica del Martyrium y la otra en el Calvario. En Roma el triduo comenzaba con la reconciliación de los penitentes y no se hablaba de la misa que hoy conocemos como de la Cena del Señor.

A partir de 1955, el Jueves Santo que había acumulado ciertos elementos adquiridos por la piedad popular del siglo XVI, se organizó con más armonía litúrgica. Hasta esa fecha, el énfasis eucarístico del día culminaba con el rito secundario de trasladar el Cuerpo de Cristo al lugar de la reserva, conocido como el "monumento". En ese caso, lo secundario se había convertido en lo principal. A partir de 1970, continúa el énfasis eucarístico pero con la celebración de la misa en memoria de la Cena del Señor, el lavatorio de los pies y el traslado del Cuerpo de Cristo de un modo más discreto a una capilla lateral donde los fieles podían adorar al Santísimo hasta la medianoche. Esta reforma Conciliar también enriqueció la Eucaristía con textos bíblicos que asocian la entrega del Señor con el acontecimiento del Éxodo y la verdadera libertad que compartimos como hijos e hijas de Dios en Jesucristo.

De la misma manera, se puede palpar la evolución del Viernes Santo. Tanto en Jerusalén como en Roma, las celebraciones del día incluían la lectura de la Pasión y la veneración de la Cruz, aunque, ya a partir del siglo VII, los diáconos distribuían el Cuerpo y la Sangre de Cristo que se conservaba en la sacristía desde las misas del día anterior. A partir de 1970, el Viernes Santo recuperó el título de Viernes de Pasión; se renovaron los textos bíblicos que preceden a la lectura del Evangelio de san Juan y se incrementaron los textos de la Plegaria Universal. El Viernes Santo es el único día del año en que no se celebra misa, aunque los momentos de oración pueden ser múltiples, según las necesidades espirituales de los fieles.

El Sábado Santo siempre se consideró un día de recogimiento y de luto. Tanto para el pueblo como para la liturgia, Jesús descansa en el sepulcro durante este día. El ayuno de la comunidad, que había comenzado desde la noche del jueves, permanecía durante el Sábado. Los catecúmenos se preparaban también con el ayuno y, ante el obispo y los fieles, recitaban el Símbolo (Credo) que habían recibido durante la Cuaresma. Con excepción del Oficio Divino, la Iglesia no designó ninguna celebración especial para este día, aunque, a partir del siglo XVI, y para llenar lo que aparentaba ser un vacío, se anticipó la celebración de la Vigilia Pascual por la mañana. Ya se ha mencionado con anterioridad que el Papa Pío XII rescató el sentido original de esta celebración al trasladarla de la mañana a la noche en 1952.

El domingo de resurrección se abría con la Vigilia que concluía antes de la aurora. La celebración de la Pascua, no obstante, se extendía a otras celebraciones durante el mismo domingo que incluían lo que llamamos la "catequesis mistagógica". Es decir, la comunidad continuaba reflexionando sobre los misterios celebrados junto a los "iniciados o neófitos", que por primera vez eran recibidos como hermanos y hermanas en el seno de la comunidad. De hecho, estos cincuenta días después de la Cuaresma sirven para que toda la Iglesia se renueve por las celebraciones pascuales y madure en el conocimiento de la fe por medio de un proceso mistagógico que vivan no sólo los nuevos miembros de la comunidad, sino todos los fieles por igual.

La experiencia pastoral del Triduo

Desde la perspectiva litúrgica, los días previos al Triduo se convierten en días de preparación y ensayos en nuestras parroquias. La ambientación de la iglesia, los ensayos de los acólitos y del coro anuncian que algo importante se va a celebrar en esos días. Lamentablemente, tanta preparación puede disminuir el impacto espiritual del Triduo entre los que lo preparan. ¡Cuán importante es que nuestros ministros laicos también le den tiempo a la oración y al ayuno para que su "participación" en estos días sagrados no se convierta en una especie de "actuación"!

En muchas diócesis del mundo la misa Crismal ya no se celebra durante la mañana del Jueves Santo, sino unos días antes. Esta medida permite que el clero de la diócesis pueda asistir a esta Eucaristía tan especial y volver a sus respectivas parroquias a tiempo para iniciar el Triduo. En la misa Crismal, decíamos, los sacerdotes renuevan su compromiso delante de su obispo y los diáconos, acólitos y seminaristas asisten a los múltiples detalles de la celebración. Se recomienda que también asistan los fieles que provienen de las parroquias de la diócesis para que, junto a sus sacerdotes, reciban los óleos santos consagrados en este día: el óleo de los catecúmenos, el óleo de los enfermos y el santo crisma, que es óleo mezclado con bálsamo y que se utiliza en los bautizos, la confirmación y el orden sagrado.

La noche del Jueves Santo es la noche de la Eucaristía, la conmemoración de la Ultima Cena del Señor (misa *In Cena Domini*), que subraya el aspecto del "servicio" reflejado en el lavatorio de los pies. Este gesto de Jesús nos invita a considerar nuestra propia entrega en el servicio al prójimo, especialmente al más necesitado. Es el gesto que, unido a la Eucaristía, marca el comienzo del Triduo Pascual y destaca el sentido de la Cruz, esto es, la entrega total que Jesús hizo de sí por la salvación del mundo. Desde una perspectiva litúrgica, la celebración exige que se ensaye bien la participación de todos los ministros –tanto de los ordenados como de los laicos– para que ésta se desenvuelva con fluidez.

Después del traslado del Cuerpo del Señor al altar que todavía se conoce como "monumento", las normas litúrgicas invitan a que desaparezcan del altar todos los elementos celebrativos, tales como las velas, las flores, los manteles y demás paños, para que se perciba, de una manera simbólica, la ausencia del Señor en ese espacio y su presencia salvífica en el "monumento" que permanece accesible para todos hasta la medianoche.

Todavía se acostumbra visitar siete "monumentos" durante la noche del Jueves Santo. Esta costumbre nace en la Iglesia de Roma, cuando los peregrinos visitaban las siete iglesias más asociadas a los orígenes de la Cristiandad: San Juan de Letrán, San Pedro, Santa María la Mayor, San Pablo Extramuros, San Lorenzo Extramuros, San Sebastián Extramuros y la Santa Cruz de Jerusalén. Los peregrinos, en su jornada vespertina y ante el Santísimo Sacramento, recuerdan que la vida cristiana es todo un peregrinar lleno de alegrías y tristezas en el que el Señor siempre está presente.

En este espíritu de sobriedad comienza el Viernes Santo. Los fieles siempre han estado muy atentos a las celebraciones de este día. En varias partes del mundo, en vez de conmemorar la Pasión del Señor, se representan varios aspectos de la Pasión de una manera gráfica y, a veces, innecesaria. Ésta es la dimensión "mimética" o representativa que prefiere el "drama" a la "celebración" y que estimula la afectividad de nuestros fieles, pero que no conduce necesariamente a una profundización en el misterio que se celebra.

A pesar de esta realidad pastoral, se puede aprovechar de una manera creativa esta inclinación a la dramatización de la Pasión. En varios sitios se da espacio y tiempo al "Sermón de las Siete Palabras" que recoge los textos del Evangelio de san Juan que nos refieren las últimas palabras del Señor desde la Cruz. También se han desarrollado otras celebraciones de la Palabra alrededor del "Pésame a la Virgen" con el que se concluye el Viernes Santo. Es importante que se elaboren "puentes" entre estas actividades y la liturgia de la Iglesia para que, por un lado, se satisfagan las necesidades afectivas de los fieles y, por otra, se responda a la llamada que nos hace la Iglesia a crecer en la comprensión del misterio que celebramos.

La liturgia del Viernes Santo, reformada en 1970, aparece divida en cuatro partes:

1. La liturgia de la Palabra, que culmina con la lectura de la Pasión según el Evangelio de san Juan;
2. La Plegaria Universal, que contiene diez intenciones a las que el pueblo responde o con una antífona cantada o, simplemente, con el silencio;
3. La veneración de la Cruz, que antes de 1970 se colocaba en el suelo para que los fieles, arrodillados, la venerasen de una manera muy personal, pero que, en la actualidad, se venera de pie;
4. La distribución de la Eucaristía.

Este Oficio contiene elementos impactantes, tales como la postración total de los ministros al comienzo de la celebración y el movimiento de la asamblea hacia la Cruz durante el rito de la "adoración" o veneración. Se trata de una liturgia antigua y que está llena de una riqueza simbólica inigualable. Al concluir este Oficio, se mantiene la sobriedad del espacio y se percibe la ausencia de Cristo quien yace en el sepulcro esperando resucitar para el mundo.

De las liturgias del Triduo, por supuesto, la Vigilia Pascual es la más compleja y expresiva. La precede el silencio del día y la dedicación con que los fieles la preparan. Comienza con la bendición del fuego nuevo y la entrada a la Iglesia, que permanece a oscuras, con la luz del cirio pascual. Continúa con el canto del *Exultet* o Pregón Pascual, que anuncia con gozo la resurrección del Señor, y prosigue con las siete lecturas, salmos y oraciones del Antiguo Testamento que nos ayudan a reflexionar sobre la historia de la salvación y nos preparan para abrazarnos plenamente al gran acontecimiento de la nueva vida que el Señor nos ofrece. Así también lo proclama la lectura del texto de la Carta a los Romanos.

En la Vigilia se bautizan y se confirman, preferiblemente por inmersión, los "elegidos" adultos (o niños de edad catequética) que por un año se han estado preparando para esta Noche Santa. En la Vigilia, toda la asamblea congregada entona el canto del Gloria con júbilo externo y el Aleluya, que habían sido suprimidos durante toda la Cuaresma. En la Vigilia, se renuevan las promesas del bautismo de todos los presentes y se rocía el agua nueva que a todos les recuerda su propia entrada al corazón de Dios y de la Iglesia. En la Vigilia, finalmente, cesan las divisiones litúrgicas entre catecúmenos y fieles. Todos juntos, alrededor de la mesa del altar, comparten el pan vivo bajado del cielo y la copa de salvación por la que se proclama la redención de la humanidad. Es la Noche Santa de la Pascua que todavía en ciertos sitios concluye en la mañana del domingo.

Los domingos que siguen a la Pascua siguen celebrando el gozo que para la Iglesia universal y local comienza en la Vigilia Pascual. Los temas de esos domingos, reflejados en el Evangelio de san Juan, incluyen las apariciones del Resucitado a sus apóstoles, las dudas de Tomás, las cenas que después de la resurrección compartió el Señor con sus discípulos, el énfasis en los atributos del Señor, sobre todo su misericordia y actitud del Buen Pastor. La Iglesia por varias semanas extiende la alegría Pascual con textos y cantos apropiados hasta que celebra la solemnidad de la Ascensión, a veces el jueves cercano al séptimo domingo de Pascua o el mismo séptimo domingo. El domingo siguiente, en la solemnidad de Pentecostés, que anuncia la venida del Espíritu Santo sobre los discípulos, la Iglesia concluye por norma el periodo pascual para dar paso a las solemnidades de la Santísima Trinidad y del Cuerpo de Cristo (*Corpus Christi*) y hacer la transición al tiempo ordinario.

Con estas últimas celebraciones, la travesía de la Cuaresma cobra pleno sentido. La misión de la Iglesia es celebrarla de la mejor forma posible. Nuestro debe ser el compromiso de participar en ella, ya más comprometidos con sus exigencias y abiertos a convertirnos en instrumentos del Señor resucitado, quien a través de nuestros sacrificios cuaresmales, quiere tocar el corazón de aquellos que nos acompañan en nuestro caminar diario y los ayuda a acercarse más al misterio de su pasión, muerte y resurrección.

Para profundizar y comentar

1. ¿Qué significa para mí el Triduo Pascual?
2. ¿Con cuál de estos días me identifico más en mi espiritualidad? ¿Por qué?
3. Si he participado en la Vigilia Pascual de mi comunidad, ¿qué elemento de la Vigilia me ha impresionado más?
4. ¿De qué manera puedo asociar la Cuaresma al Triduo Pascual con que concluye la Semana Santa?

Oración final

*Eres un Dios Padre que nos amaste tanto,
que entregaste a tu Hijo para rescatarnos.
Me acerco a Ti con humildad y con pena,
porque con el pasar de los días
se me olvida la entrega de Jesús.
Necesito esta Semana Santa y estos tres días
para recordar que sin Ti no puedo comprender
ni la fe ni la vida.*

*Oh Jesús, Salvador y amigo,
los dolores de cada día se suavizan
cuando contemplo tu camino hacia el Calvario.*

Oraciones para los días del Triduo Pascual

Oración para Jueves Santo

*En el silencio de este Jueves Santo,
ante Ti en el monumento,
quiero recordar que la Eucaristía
es mi alimento,
y que la Eucaristía me muestra
todo el sentido del sacrificio.
Por ello, Señor,
quiero ser 'Eucaristía' para otros
y mostrar en mi rutina diaria
el extraordinario compromiso al servicio
por mi entrega en el amor.*

Quiero recibir el Pan de vida
y la Copa de salvación
que en aquella Última Cena compartiste con tus amigos.
Necesito comprender que en el lavatorio de los pies
está mi llamada al servicio y que, de alguna manera,
tengo que aprender a lavarle los pies a los demás,
especialmente a los que me rechazan.

Oración para Viernes Santo

Señor, llena de consuelo mi corazón
y enardécelo con el fuego de tu amor
para caminar contigo hacia la Cruz
que quiero besar en este Viernes Santo.
Es el madero que anuncia la victoria de Dios
en medio del sufrimiento y del dolor humano.
Junto a María, tu Madre, y a Juan, tu discípulo,
quiero contemplar que en tu muerte también hay vida.

En el silencio de este día
descubro mi necesidad de vivir en Ti.
Y al peregrinar detrás de Ti y de tu Madre,
siento el calor de mis hermanos y hermanas
que, juntos, dejan a un lado sus quehaceres
para darle tiempo a la procesión.
Con ellos quiero ser testigo del encuentro,
ya que en las imágenes que se llevan en andas
se reflejan también
las diversas culturas de nuestra comunidad.
La procesión que las convoca proclama
entre rezos y cantos
que así debemos encontrarnos en la vida diaria,
en la fe y en la esperanza que nos distingue como Iglesia.

Oración para la Vigilia Pascual

En esta noche santa,
con el fuego que arde ante mis ojos,
se disipan las sombras que me rodean
y que no sé cómo superar.
Cuando Tú brillas con la luz resucitada
en el cirio pascual,
con María Magdalena y Pedro, siento el deseo
de anunciar que en Ti siempre hay esperanza,
que nada ni nadie nos puede separar,
ni el mal que se encierra en el corazón,
ni la indiferencia que a veces me seduce,
ni la intolerancia que en muchas ocasiones me define.

Es el agua del bautismo que nos regenera,
son las flores y las luces que nos animan,
es el canto del Gloria y del Aleluya
que nos hace vibrar con nuevas melodías
y nuevos ritmos.
Ellos reflejan que Tú vives, Señor,
en cada uno de nosotros,
en el pobre y en el desamparado,
en el rico y en el hambriento,
en cada ser humano que reconoce
que la tumba está vacía porque quieres
quedarte para siempre.

Quédate conmigo, Señor, para disfrutar
del gozo del Espíritu que viene
a fortalecer mi frágil condición humana
para hacer de mí un mejor testigo.

*Quédate con nosotros, Señor,
que se acerca la tarde y tenemos hambre y sed de Ti.
Quédate para siempre con nosotros, Señor,
en una Pascua permanente
hasta que en el ocaso de nuestras vidas,
gastadas por el tiempo,
nos llames a compartir el Banquete Eterno
que nunca termina y que nos saciará para siempre.*

Conclusión

Cualquier reflexión sobre la Cuaresma sería incompleta, si aquellos que la utilizan no la asumen como parte de su jornada durante este tiempo tan hermoso que la Iglesia nos ofrece. Durante la Cuaresma, la Palabra compartida y los sacramentos celebrados necesitan reflejar cuanto se celebra en el misterio Pascual. Por un lado, la llamada de Dios a la felicidad plena en la paz de su presencia; por otro, la infidelidad del Pueblo que siente las seducciones ajenas a Dios que lo complacen transitoriamente. En un plano superior está la misericordia de Dios ante nuestra fragilidad humana y, por supuesto, la entrega de su Hijo, cuyo Espíritu nos fortalece, para conducirnos a la "Patria Eterna". El tránsito de Jesús, en su entrega total, se convierte para nosotros en una llamada a reflexionar sobre nuestro propio "tránsito" durante la jornada de vida que se nos ha concedido.

En Cuaresma, caminamos entre catecúmenos y pecadores, invitados por la Palabra de Dios a renovar nuestras vidas y a "reconvertirnos" para ser mejores discípulos y misioneros del Reino que el mismo Cristo anunció entre nosotros. Por ello, las liturgias de Cuaresma y Semana Santa han de expresar, en su preparación y ejecución, la mejor calidad posible, para que aquellos que sólo se acercan a la comunidad durante este tiempo en verdad se "sorprendan" al entender mejor lo que se celebra ante sus ojos y a la vez sientan el deseo de regresar a la Iglesia para conocer más profundamente lo que, de lejos, observan.

Durante este tiempo, la labor de los equipos parroquiales de liturgia es ardua, pero fructífera. Se recomienda que el equipo se prepare bien, antes de la Cuaresma, por medio de un día de reflexión con sus sacerdotes y con todos los coordinadores que han de llevar a los fieles el mensaje de este periodo litúrgico. También se recomienda que haya ensayos antes de cada celebración con todos los acólitos. Por encima de todo, se insiste en que las liturgias de la Cuaresma y de Semana Santa no se perciban simplemente como un conjunto de rúbricas que la Iglesia pide y manda, sino como un conjunto de celebraciones progresivas que ayudan a los fieles a caminar con Jesús, el Nazareno, para encontrarse finalmente con Él resucitado y, así, puedan expresar su fe por medio de la plena participación en este encuentro.

Durante la Cuaresma caminan muchos, como Manuel, que buscan en los símbolos de su infancia un sentido para su vida, un sentido que la sociedad contemporánea no les ofrece. ¡Cuán valioso es para nosotros, agentes pastorales de la Iglesia, que conozcamos bien estos símbolos y que en reuniones de catequesis compartamos lo que significan! Como Carmen y Alberto, necesitamos laicos comprometidos bien formados que puedan comunicar de una manera sencilla y atractiva el mensaje de la Palabra proclamada y el sentido de las celebraciones. Necesitamos a más seglares comprometidos que no tengan miedo de hacer preguntas o de sugerir prácticas a los muchos que, como Manuel, pueden sentirse confundidos después de recibir las cenizas.

Nuestra es la esperanza de que estas reflexiones, entre las muchas que ya existen, ayuden a la Iglesia en la formación de los fieles, para que en sus comunidades locales vibren con reverencia y entusiasmo ante la Redención que ya logró desde la Cruz y la Tumba Vacía Nuestro Señor Jesucristo.

APÉNDICE:
Momentos de oración comunitaria para la Cuaresma

Celebración de la Palabra durante la Cuaresma

Un seglar puede dirigir esta celebración para abrir o concluir las reuniones de grupos durante el período cuaresmal. También se podría utilizar como una celebración penitencial antes de las confesiones individuales.

Celebrante: En el nombre del Padre, del Hijo y del Espíritu Santo.

Todos: Amén.

Canto: Vaso nuevo (*Flor y canto II,* #537) o Yo te lo ofrezco (*Flor y canto,* #538)

Celebrante: Llamados por Dios a renovar nuestras vidas con la oración, el ayuno y la penitencia, oremos juntos por que la entrega de Jesús en la Cruz nos conduzca a compartir con otros la victoria de su amor.

(Sentados)

Hombres: Misericordia, Dios mío, por tu bondad;
por tu inmensa compasión borra mi culpa,
lava del todo mi delito,
limpia mi pecado.

Mujeres: Pues yo reconozco mi culpa,
tengo siempre presente mi pecado:
contra ti, contra ti sólo pequé,
cometí la maldad que aborreces.

Hombres: En la sentencia tendrás razón,
en el juicio brillará tu rectitud.
Mira, que en la culpa nací,
pecador me concibió mi madre.

Mujeres: Te gusta un corazón sincero,
y en mi interior me inculcas sabiduría.
Rocíame con el hisopo: quedaré limpio,
lávame: quedaré más blanco que la nieve.

Hombres: Hazme oír el gozo y la alegría,
que se alegren los huesos quebrantados,
Aparta de mi pecado tu vista,
borra en mí toda culpa.

Mujeres: ¡Oh Dios!, crea en mí un corazón puro,
renuévame por dentro con espíritu firme;
no me arrojes lejos de tu rostro,
no me quites tu santo espíritu.

Hombres: Devuélveme la alegría de tu salvación,
afiánzame con espíritu generoso:
enseñaré a los malvados tus caminos,
los pecadores volverán a Ti

Mujeres: Líbrame de la sangre, ¡oh Dios,
Dios, Salvador mío!,
y cantará mi lengua tu justicia.
Señor me abrirás los labios,
y mi boca proclamará tu alabanza.

Hombres: Los sacrificios no te satisfacen;
si te ofreciera un holocausto, no lo querrías.
Mi sacrificio es un espíritu quebrantado:
un corazón quebrantado y humillado
Tú no lo desprecias.

Mujeres: Señor, por tu bondad, favorece a Sión,
reconstruye las murallas de Jerusalén:
entonces aceptarás los sacrificios rituales,
ofrendas y holocaustos,
sobre tu altar se inmolarán novillos.

Todos: Gloria al Padre, al Hijo, y al Espíritu Santo,
como era en el principio, ahora y siempre,
por los siglos de los siglos. Amén.

(Se pueden utilizar ambas lecturas o, según la costumbre local, solamente una de ellas. Debe haber una pausa de reflexión en silencio después de cada proclamación)

Lectura del profeta Jeremías (31:31–34): Ya llega el día, dice Yavé, en que yo pactaré con el Pueblo de Israel (y con el de Judá) una nueva alianza. No será como esa alianza que pacté con sus padres, cuando los tomé de la mano, sacándolos de Egipto. Pues ellos quebraron la alianza, siendo que yo era su Señor, palabra del Señor.

Esta es la alianza que yo pactaré con Israel en los días que están por llegar, dice Yavé: pondré mi ley en su interior, la escribiré en sus corazones, y yo seré su Dios y ellos serán mi pueblo. Ya no tendrán que enseñarle a su compañero, o a su hermano, diciéndoles: "Conozcan a Yavé". Pues me conocerán todos, del más grande al más chico, dice Yavé; yo entonces habré perdonado su culpa, y no me acordaré más de su pecado.

(Silencio)

Lectura de la Carta de san Pablo a los Gálatas (6:7–10): Queridos hermanos y hermanas, no se engañen, nadie se burla de Dios: al final cada uno cosechará lo que ha sembrado. El que siembra en su carne, de la carne cosechará corrupción. El que siembra en el espíritu, cosechará del espíritu la vida eterna. Así, pues, hagamos el bien sin desanimarnos, que a su debido tiempo cosecharemos si somos constantes. Por consiguiente, mientras tengamos oportunidad, hagamos el bien a todos, y especialmente a los de casa, que son nuestros hermanos en la fe.

(Silencio)

(De pie)

Celebrante: Llamados a tener un corazón renovado por el Señor, presentemos estas peticiones con humildad e imploremos su misericordia.

Lector(a): Nuestra respuesta será: Por tu misericordia, Señor, escúchanos.

Por la Iglesia universal que, a través de sus pastores, nos llama a la conversión y a la reconciliación en este tiempo de Cuaresma, roguemos al Señor.

Por nuestro obispo, presbíteros, diáconos y ministros laicos que anuncian el Evangelio en nuestra Iglesia local: para que reflejen por medio del servicio la misericordia del Dios que los llama en el amor, roguemos al Señor.

Por los gobernantes y aquellos que tienen influjo en la sociedad: para que descubran entre sí la forma de evitar el favoritismo y las injusticias y estén siempre dispuestos a sembrar la paz entre aquellos a quienes dirigen en nuestra sociedad, roguemos al Señor.

Para que los enfermos encuentren salud; los moribundos, consuelo; los desamparados, asistencia; los indocumentados, acogida; los desempleados, trabajo; y por todas las necesidades del Pueblo de Dios, roguemos al Señor.

En silencio presentemos otras peticiones que surjan de nuestros corazones renovados.

Celebrante: Dios bondadoso y misericordioso, escucha nuestras súplicas y acéptanos junto con ellas. Las colocamos en las manos de tu Hijo, Jesús, quien vive y reina por los siglos de los siglos.

Todos: Amén.

(Si es necesario un acto de contrición, los presentes pueden unir sus voces para rezar el siguiente.)

> *No me mueve, mi Dios, para quererte*
> *el cielo que me tienes prometido;*
> *ni me mueve el infierno tan temido*
> *para dejar por eso de ofenderte.*
>
> *Tú me mueves, Señor; muéveme el verte*
> *clavado en esa Cruz y escarnecido;*
> *muéveme el ver tu cuerpo tan herido;*
> *muévanme tus afrentas y tu muerte.*
>
> *Muéveme, al fin, tu amor y en tal manera,*
> *que, aunque no hubiera cielo, yo te amara*
> *y, aunque no hubiera infierno, te temiera.*
>
> *No me tienes que dar porque te quiera;*
> *pues, aunque lo que espero no esperara,*
> *lo mismo que te quiero te quisiera. Amén.*

Celebrante (persignándose): El Señor nos bendiga, + nos guarde de todo mal y nos lleve a la vida eterna.

Todos: Amén.

Canto de salida: "Danos un corazón" (*Flor y canto II,* #686)

Oración comunitaria con los inmigrantes e indocumentados

En nuestras comunidades, son muchas las personas que sufren por las inseguridades del momento actual y buscan en la Iglesia aliento y consuelo. Esta oración comunitaria puede servirles de ayuda y de apoyo durante la temporada cuaresmal. Se pueden utilizar varios lectores o lectoras que apoyen con su proclamación las reflexiones del responsable de grupo.

Responsable de grupo: De la fuente de la vida, la Palabra de Dios, brota un mensaje de aliento y de esperanza que no está dirigido solamente al Pueblo de Israel en la diáspora, sino a todos los pueblos que, fuera de sus países de origen, anhelan la seguridad en sus vidas y la reunificación de su familia.

(Sentados)

Lector o lectora: "Jerusalén, quítate tu vestido de duelo y desdicha y vístete para siempre con el esplendor de la gloria de Dios. Reviste cual un manto la justicia de Dios, ponte como corona la gloria del Eterno; porque Dios mostrará tu grandeza a todo lo que hay bajo el cielo.

Levántate, Jerusalén, ponte en lo alto, mira al oriente y ve a tus hijos reunidos del oriente al poniente por la voz del Santo, felices porque Dios se acordó de ellos. Salieron a pie escoltados por los enemigos, pero Dios te los devuelve, traídos con gloria, como hijos de rey". (Bar 5:1–3,5–6)

Responsable: ¿Cómo hemos de progresar? ¿Qué nos sigue diciendo el Señor?

Lector(a): Hay seis cosas que detesta el Señor, y hasta siete que le causan horror: la mirada despreciativa, la lengua mentirosa, las manos que derraman sangre inocente, el corazón que medita intenciones culpables, los pies que corren impacientes a hacer el mal, el testigo falso que habla para mentir y el que siembra la discordia entre hermanos. (Prov 6:16–19)

(Silencio breve)

Responsable: ¿Cómo hemos de progresar? Descubriendo en el presente el verdadero camino de la justicia y de la paz.

Lado I: El hombre y la mujer conscientes hacen proyectos en su corazón, pero el Señor pone la respuesta en sus labios.

Lado II: Nosotros pensamos que todos nuestros caminos son puros, pero el Señor pesa los corazones.

Lado I: Encomienda tus obras al Señor, y se realizarán tus proyectos.

Lado II: El corazón altanero es abominable para el Señor, tarde o temprano no quedará impune.

Lado I: Más vale poco con justicia que abundantes ganancias con injusticia.

Lado II: El corazón humano se fija un trayecto, pero el Señor asegura sus pasos.

Lado I y II: Cuando el Señor se complace en la conducta de un hombre, lo reconcilia hasta con sus mismos enemigos (cf. Prov 16:1–3, 8–9)

Lectura de la carta de san Pablo a los Romanos (12:14–21):
Bendigan a quienes los persigan; bendigan y no maldigan. Alégrense con los que están alegres, lloren con los que lloran. Vivan en armonía unos con otros. No busquen grandezas y vayan a lo humilde; no se tengan por sabios.

No devuelvan a nadie mal por mal, y que todos puedan apreciar sus buenas disposiciones. Hagan todo lo posible para vivir en paz con todos. Hermanos, no se tomen la justicia por su cuenta, dejen que sea Dios quien castigue, como dice la Escritura: Mía es la venganza, yo daré lo que se merece, dice el Señor. Y añade: Si tu enemigo tiene hambre, dale de comer; si tiene sed, dale de beber: así le sacarás los colores a la cara. No te dejes vencer por el mal, más bien derrota al mal con el bien.

Canto: "Yo te lo ofrezco" (*Flor y canto II, #538*)

(Silencio breve)

(De pie)

Oración en común

Yavé, acuérdate de lo que nos ha pasado, mira y ve nuestra humillación. Nuestra herencia pasó a extranjeros, nuestras casas a extraños. Somos huérfanos, sin padre; nuestras madres, viudas. A precio de plata bebemos nuestra agua, nuestra leña nos llega por dinero. Con el yugo al cuello andamos acosados; estamos agotados, no nos dan respiro.... Pero tú, Yavé, reinas para siempre, tu trono permanece firme de generación en generación.... Haz que volvamos a ti, Yavé, y volveremos; haz que seamos de nuevo lo que fuimos antes (Lam 5:1–5,19 y 21).

(Sentados)

Responsable: Recordemos de nuevo las palabras de san Pablo, esta vez en su carta a los Gálatas. ¡Cuán apropiadas son para nosotros! Nuestra vocación, hermanos, es la libertad. No hablo de esa libertad que encubre los deseos de la carne, sino del amor por el que nos hacemos esclavos unos de otros. Pues la Ley entera se resume en una frase: Amarás al prójimo como a ti mismo. Pero si se muerden y se devoran unos a otros, ¡cuidado!, que llegarán a perderse todos. Por eso les digo: caminen según el espíritu y así no realizarán los deseos de la carne. (Gál 5:13–16)

Responsable: Llamados a una reconciliación plena que nos haga vivir más unidos en Dios y con nuestros pueblos, podemos orar con el salmista:

Salmo 130

Lado I
Desde el abismo clamo a ti, Señor, ¡Señor, escucha mi voz!
Que tus oídos pongan atención al clamor de mis súplicas.

Lado II
Señor, si no te olvidas de las faltas, Adonai, ¿quién podrá subsistir?
Pero de ti procede el perdón, y así se te venera.

Lado I
Espero, Señor, mi alma espera, confío en tu palabra;
mi alma cuenta con el Señor, más que con la aurora el centinela.

Lado II
Como confía en la aurora el centinela, así Israel confíe en el Señor;
porque junto al Señor está su bondad y la abundancia de sus liberaciones, y él liberará a Israel de todas sus culpas.

Responsable: Gloria al Padre, al Hijo y al Espíritu Santo,

Todos: Como era en el principio, ahora y siempre, por los siglos de los siglos. Amén.

(De pie)

Responsable: Oremos con confianza como el Señor nos enseñó.

Todos: Padre Nuestro…

Responsable: Con nuestra Madre María, Madre de todos los pueblos de América, nos dirigimos al Señor diciendo juntos:

Todos: Dios te Salve, María…

Líder (persignándose): El Señor nos bendiga, + nos guarde de todo mal y nos lleve a la vida eterna.

Todos: Amén.

Cantos finales: Madre de la Iglesia (*Flor y canto,* #296) y Santa María del camino (*Flor y canto II,* #447)

La procesión del Viernes Santo

Las procesiones del Viernes Santo son muy conocidas en toda América. Provienen de la tradición española que, aún en nuestro tiempo, dan mayor realce a la Semana Santa en muchas partes de España, especialmente en Andalucía. En Sevilla, por ejemplo, la procesión principal, llamada la "Madrugá", comienza en la noche del Jueves Santo y se extiende hasta la mañana del Viernes Santo. Durante toda la noche y madrugada, los miembros de las distintas Cofradías Sevillanas se encargan de pasear las imágenes que, adornadas con flores y revestidas con piedras preciosas, representan escenas de la Pasión del Señor. Conocidos como 'Encuentros", estas jornadas describen el encuentro de Jesús Nazareno con su Madre Dolorosa o el santo entierro con un Cristo yaciente, horizontal, ya muerto. Una de las imágenes y procesiones más conocidas en el mundo entero es la de la "Macarena", cuyo título original es "Virgen de la Esperanza".

Aunque la mayoría de las procesiones apuntan hacia María en su dolor de madre, también puede aparecer la imagen de san Juan, el discípulo amado que acompañó a la Virgen hasta la Cruz. En algunos sitios, los jóvenes de la comunidad llevan a san Juan en sus hombros como signo de una juventud que, fiel a Dios y a la Iglesia, se une con adultos y ancianos en la peregrinación de la fe y de la esperanza.

En nuestras comunidades hispanas de los Estados Unidos, estas procesiones se pueden realizar según las costumbres locales y de acuerdo con las necesidades de los participantes. En algunas comunidades, cada imagen puede representar un grupo cultural de los feligreses que forman parte de la parroquia y, al unirse paso a paso en un "Encuentro", las imágenes pueden comunicar el gran deseo de unidad que, en medio de la diversidad cultural que caracteriza a nuestra Iglesia Católica, todos deben buscar. Debemos aprovechar este valioso gesto de la piedad popular de nuestra Iglesia y transformarlo en un medio de oración, reflexión y comunión eclesial.

Se conoce a las "paradas" que la procesión hace en su recorrido como "pasos" o "estaciones" en las que todos cantan, oran o, leyendo textos de las Sagradas Escrituras, reflexionan sobre el misterio que el propio paso devela. Se recomienda que entre "estación" y "estación" los participantes continúen con sus cantos o marchen al ritmo de un tambor, instrumento que siempre llama al silencio y que evoca sobriedad y respeto. Las paradas o estaciones pueden ser señaladas con anterioridad en los terrenos de la parroquia. Las siguientes reflexiones, a pesar de ser breves, pueden ayudar a los fieles en algunos de los "pasos".

PRIMERA ESTACIÓN: La Virgen se acerca a Jesús

Contigo, Madre María, caminamos juntos. Sentimos tu dolor, pero buscamos contigo al Señor. Ahí se acerca tu Hijo que, sufriendo gotas de sangre, carga el madero de la Cruz. Él te mira. Tú lo miras con ojos que anuncian la esperanza de que todo vaya a pasar pronto. ¡Cuánta angustia! Recuerdas las palabras de Simeón en el Templo y sientes en tu pecho los siete puñales que profetizó. Pero no pierdes la esperanza de que todo vaya a pasar pronto.

Madre de todos los pueblos, enséñanos a caminar juntos a pesar de nuestras diferencias. Unidos por el mismo bautismo, por el mismo Señor, por la misma fe, peregrinamos contigo hacia Jesús. Danos fuerza para llegar.

(Cantos, rezos o tambor)

SEGUNDA ESTACIÓN: Jesús encuentra a su Madre

Ya estamos juntos y no te puedo hablar, porque si hablo tengo que gritar de dolor y no lo quiero hacer. Se cumplen las Escrituras. Me tengo que entregar y tú lo sabías casi desde que nací. En Caná te dije que todavía no había llegado mi hora. Ésta es mi hora, la hora del suplicio, de la entrega, de la muerte. Anoche lloré con mi Padre. Hoy me acerco a ti, oh Madre, buscando el calor de tus brazos y las caricias de tus manos. Pero no me puedo acercar mucho. No me dejes solo. Sígueme con el corazón.

Señor Jesús, no estás solo. Aunque te hayan abandonado los apóstoles, estamos contigo. Perdona nuestra indiferencia, nuestro pecado, nuestros abusos. Acéptanos en este momento como aceptaste a tu Madre en el dolor y sana nuestras heridas. Te seguimos, Señor, también con el corazón.

(Cantos, rezos o tambor)

TERCERA ESTACIÓN: San Juan acompaña a la Virgen

No comprendo por qué pasa todo esto ahora. Me acuerdo del anuncio del Maestro, pero no lo quise creer. Así no podía terminar todo. Muchos lo llamaron el Mesías. Mis hermanos me preguntaron qué íbamos a hacer sin Él. Yo no puedo estar sin Él. Y a pesar de que no sé donde están ellos, yo tengo que seguir con Él. No puedo dejar a María sola. Su dolor es mi dolor. Su esperanza es mi esperanza. Así no puede terminar todo, con la Madre camino hacia el final. Nos consuelan las palabras del Maestro: "Yo soy el camino, la resurrección y la vida; aunque uno muera, vivirá para siempre".

Aquí también estamos, Señor, los jóvenes de nuestra comunidad. A Ti encomendamos nuestra juventud, nuestro presente y nuestro futuro. Por Ti queremos vivir en un mundo nuevo, en una sociedad donde ni la libertad ni el amor se confundan con el libertinaje. Queremos caminar contigo hoy y siempre. A pesar de tu dolor, danos ánimo. A pesar de tu muerte, danos vida. Fortalece nuestros esfuerzos para así poder ayudar a que otros jóvenes se encuentren contigo y sientan la paz de tu presencia en el corazón.

(Canto, rezos o tambor)

CUARTA ESTACIÓN: Al pie de la Cruz

Aquí estás Señor, frente a nosotros, clavado en una Cruz y escarnecido. Y todavía nos hablas, todavía perdonas a tus verdugos, prometes la salvación al ladrón arrepentido, y, en medio de la sed que tienes, entregas tu Madre a Juan y Juan a tu Madre, ambos corazones latiendo con el dolor del momento y esperando ansiosamente la luz de un nuevo amanecer.

Así nos encontramos todos ante Ti, Señor. Venimos de muchas partes y, juntos, caminamos contigo en el dolor y en la esperanza. Sabemos que Tú no nos abandonaste en medio de tu muerte. Sabemos que tu muerte también es victoria. Sabemos que enviaste tu Espíritu para transformar nuestras vidas. Protege a nuestras familias, da pan al hambriento y agua al sediento, paz al desesperado, empleo al desamparado, justicia al oprimido. Danos vida, Señor, porque esperamos la luz de un nuevo día que muy pronto ha de llegar.

(Cantos, rezos o tambor)

QUINTA ESTACIÓN: Caminando hacia el sepulcro

Ya descansas, Señor, en el sepulcro. Como Marta y María, nos angustia tu muerte. Nos alivia saber que ya no sufres, que ya descansas con todos los que en el pasado anunciaron tu venida y esperaron tu llegada: los patriarcas, jueces y profetas. Hacia ellos te diriges para abrirles las puertas del Paraíso. Pero no te vayas lejos, Señor. Te necesitamos. Queremos que regreses a nosotros y que nos vuelvas a hablar. Queremos que toques nuestro corazón arrepentido y que nos vuelvas a sanar. Queremos que liberes a los apóstoles de sus miedos y que, junto a tu Madre, nos vuelvas a animar con el soplo de tu Espíritu para seguir anunciando tu Reino. Ya descansas, Señor, en el sepulcro. Y pronto la piedra se ha de correr para que, resucitado, transformes nuestra tristeza en gozo y alegría.

(Cantos, rezos o tambor)

Según la costumbre de cada comunidad, la procesión concluye dentro de la iglesia donde el Sagrario debe estar vacío y abierto, y el altar sin manteles y velas. Después de la procesión, se puede celebrar el rito conocido como "El pésame a la Virgen". Durante este rito, algunos lectores pueden proclamar pasajes de la Pasión según el Evangelio de san Juan para aquéllos de los presentes que no pudieron asistir al Oficio Litúrgico del Viernes Santo. Al final de este rito, cada uno de los fieles puede acercarse a las mismas imágenes que acompañaron durante la procesión para ofrecer una flor. Esta ofrenda sencilla representa la vida de cada participante que descubre en el dolor del Viernes Santo un eco de esperanza y de resurrección. La flor representa nuestro deseo de vivir renovados por la gracia de Dios para siempre.

Sugerencias musicales

Durante el tiempo de Cuaresma, son muchos los cantos que ayudan al cristiano a vivir con más profundidad su itinerario para llegar a la Pascua. Sugerimos algunos de esos cantos que se pueden encontrar tanto en *Flor y canto II*, publicado por Oregon Catholic Press o en *Cantemos*, publicado por World Library Publications.

La Cuaresma es un tiempo penitencial donde la música es más sobria, aunque no necesariamente triste. Se deben escoger cantos no sólo por su belleza melódica, sino también por el contenido del texto. Las letras de los cantos son, por lo general, más importantes que las melodías y los ritmos que les sirven de vehículo.

Sugerimos, entre otros, aquellos cantos que progresivamente acompañan a la asamblea durante cinco semanas para culminar en la Semana Santa. Es importante recordar la presencia de los catecúmenos en la comunidad. El primer domingo de Cuaresma se les envía desde la parroquia al señor obispo para el Rito de Elección; durante el cuarto, quinto y sexto domingo, la comunidad celebra con ellos los Escrutinios. Para estos ritos existen aclamaciones que fácilmente se encuentran en los Himnarios destacados anteriormente.

Algunos cantos

* Yo te lo ofrezco
* El Señor es tierno y compasivo
* Hacia ti, morada santa.
* Perdón, Señor.
* Perdona a tu pueblo
* A ti levanto mis ojos
* Cristo que se da
* El Señor es mi fuerza
* La alegría en el perdón
* Las aguas de Siloé
* Lavaré mis ojos
* Vaso nuevo
* Ven al banquete
* El carpintero
* Hosanna
* Un mandamiento nuevo
* Pan de vida
* Pescador de hombres
* Cena pascual
* El amor nos unió
* Amén, el cuerpo de Cristo.
* Junto a la Cruz
* Pueblo mío
* Al partir el pan

Material complementario

Congregación para el Culto Divino y la Disciplina de los Sacramentos. *Directorio sobre la piedad popular y la liturgia.* Biblioteca de Autores Cristianos, Madrid 2002.

Cuaresma, dosieres cpl 8, Centre de Pastoral Litúrgica, Barcelona 1989.

EGERIA, *Itinerario,* ed. de A. Arce., Biblioteca de Autores Cristianos, Madrid 1980.

La Biblia Latinoamericana: Edición Pastoral. Editorial Verbo Divino, Madrid 2006.

MADURGA, J., *Celebraciones de Cuaresma y Semana Santa.* San Pablo, Madrid 1994.

MARTIMORT, A.G., *La Iglesia en Oración.* Editorial Herder, Barcelona 1987.

Nuevo Diccionario de Liturgia. Ediciones Paulinas, Madrid 1987.

SOCÍAS, J, ed. *Misal Romano Diario.* Dicksinson Press, Grand Rapids, Michigan 1996.

SOSA, J.J. *Hispanic Liturgy and Popular Religiosity. El Cuerpo de Cristo*, The Crossroad Publishing Company, New York 1998.

Rito de la Iniciación Cristiana de Adultos, United States Catholic Conference of Bishops, Washington, D.C. 1991.

Sobre el autor

El P. Juan J. Sosa es párroco de la comunidad de *St. Joseph* en la arquidiócesis de Miami. Después de cumplir su misión como Director Asociado de Catequesis y Co-director del Diaconado Permanente, el Padre fue nombrado Director Ejecutivo del Ministerio del Culto y la Vida Espiritual en 1984, cargo que ocupó hasta 2001. El P. Sosa ha servido como presidente del Instituto Nacional Hispano de Liturgia, Inc., desde 1982 a 1988 y desde 2001 hasta el presente. Como presidente del Instituto, es Consultor del Comité del Culto Divino de los obispos de los Estados Unidos y por años participó en el Subcomité de Liturgia para los Hispanos de dicho Comité. Es autor de *Sectas, Cultos y Sincretismos*, de *One Voice, Many Rhythms*, y de *Manual para entender y participar en la misa*. Como compositor, el P. Sosa ha contribuido a la publicación de varios himnarios, especialmente de Flor y canto I y II en Oregon Catholic Press. Hace unos años esta Editorial publicó un disco compacto de sus composiciones, con el título "Desde la aurora hasta el ocaso".